V&R

Inge Mosebach-Kaufmann

Intra

Lehrerband I

Vandenhoeck & Ruprecht

Bibliografische Information der Deutschen Nationalbibliothek

Die Deutsche Bibliothek verzeichnet diese Publikation in der Deutschen Nationalbibliografie; detaillierte bibliografische Daten sind im Internet über http://dnb.d-nb.de abrufbar.

ISBN 978-3-525-71819-3

Printed in Germany.

Druck und Bindung: ⊕ Hubert und Co, Göttingen

Inhalt

Vorwort

Sehr geehrte Fachkollegin, sehr geehrter Fachkollege!

Willkommen bei *Intra*. Treten Sie ein in die spannende Welt der Römer! *Intra* fördert als zweibändiges Lehrwerk nicht nur den sprachlichen und sachkundlichen Fortschritt der Schülerinnen und Schüler, sondern versucht auch, ihrer altersgemäßen Entwicklung gerecht zu werden. Daher gibt es zwei einander ergänzende Lehrerbände, die als Leitfäden Lehrerinnen und Lehrern die Unterrichtsvorbereitung erleichtern sollen.

Dieser 1. Band bietet neben einer detaillierten Aufarbeitung der einzelnen Lektionen umfangreiches didaktisches und methodisches Material zur Umsetzung im Unterricht. Neben zahlreichen in der Praxis erprobten Tipps hält er weiterführendes Material wie vertiefende Texte, Spielanleitungen, römische Kochrezepte und etliches mehr bereit. Zusätzlich sind in die einzelnen Lektionen Vorschläge für verschiedene Aufgabentypen von Klassenarbeiten eingearbeitet. Eine Kopiervorlage des Satzgliederhauses ist angefügt. Sie ist so gestaltet, dass sie universell einsetzbar ist.

Das Konzept der praktischen und altersgemäßen Aufarbeitung der einzelnen Lektionen wird im 1. Teil des 2. Bandes weiter verfolgt. Darüber hinaus gibt es methodische Hinweise und weiterführende Materialien, die die sprachliche und sachkundliche Progression der Schülerinnen und Schüler begleiten. Im 2. Teil finden Sie neben zahlreichen Klassenarbeitsvorschlägen für den gesamten Sprachlehrgang von *Intra* die genauen Angaben der antiken Quellen zu den einzelnen Lektionen, außerdem eine Synopse der antiken Geschichte von den Anfängen Roms bis hin zum fränkischen Großreich, ergänzt durch namhafte Persönlichkeiten (Männer und Frauen) aus Literatur, Kunst, Wissenschaft und Politik. Zudem gibt es einen Stadtplan des kaiserzeitlichen Rom und eine Übersichtskarte des Imperium Romanum in seiner größten Ausdehnung.

Seien wir ehrlich: Kaum ein anderes Fach genießt einen so ambivalenten Ruf in der Öffentlichkeit wie das Lateinische. Für viele ist Latein tote Sprache, Ausdruck eines elitären Bildungsbürgertums oder schlicht schülerfeindliches Paukfach. Und in der Tat, schenkt man den Äußerungen mancher (ehemaliger) Lateinschüler Glauben, so steigt der Therapiebedarf mit jeder einzelnen Unterrichtsstunde. Nirgends scheint die Diskrepanz zwischen Lernaufwand und Lernerfolg größer zu sein als im Lateinunterricht.

Umso erstaunlicher ist es, dass die Schulen zurzeit einen regelrechten Lateinboom erleben. Offensichtlich setzt sich die Erkenntnis durch, dass das moderne Europa ohne seine antike Vergangenheit nicht zu verstehen ist und dass Sprache und Kultur Europas nicht eindimensional, sondern als Ergebnis und Momentaufnahme eines nie abgeschlossenen Prozesses zu sehen sind.

Die erste Begegnung der Schüler mit einer fremden Sprache und Kultur findet heute in der Regel im Englischunterricht der Grundschule statt. Viele Kinder kennen Englisch bereits aus ihrem Alltag. Die Figuren, mit denen sie in den Lehrbüchern umgehen, sind trotz einiger Unterschiede in der Lebensweise Menschen wie sie selbst.

Im Lateinunterricht ändert sich das. Nicht nur, dass die Schüler eine Kultur kennenlernen, die sich fundamental von der ihren unterscheidet, sie erleben auch eine Sprache, die man erst übersetzen muss, um sie überhaupt verstehen zu können. Das präzise, sinngebende Dekodieren fällt vielen Schülern anfangs nicht leicht. Doch je intensiver sie sich mit der lateinischen Sprache und Kultur beschäftigen, desto deutlicher sehen sie, wie sehr das Lateinische noch heute im Deutschen und Englischen (bzw. in den romanischen Sprachen) nachwirkt. Allmählich begreifen sie, dass es einen Zusammenhang zwischen der römischen Geschichte und dem modernen Europa gibt. Und so erschließt sich ihnen eine Welt, die ihnen bei aller Fremdheit im Grunde doch vertraut ist. Schüler dafür zu öffnen, ist die zentrale Aufgabe des Lateinunterrichts überhaupt. Denn Schüler haben ein Recht zu verstehen, warum man sie Latein lernen lässt. Nur dann werden sie auch schwierige Lernphasen durchstehen, ohne die Freude am Fach zu verlieren.

Zugegeben, ein hehres Ziel! Aber man sollte nie den Versuch aufgeben, auch dann Begeisterung zu schüren, wenn Schüler einen „Durchhänger“ haben. Dann zeigt man eben einmal einen spannenden Römerfilm, surft mit ihnen im Internet oder geht in eine Ausstellung. Die methodischen Möglichkeiten sind schier unerschöpflich. Man sollte auch nie das Ziel aus den Augen verlieren, möglichst allen Schülern gerecht zu werden, ohne die Guten zu unter- und die Schwächeren zu überfordern. Der Schlüssel dazu heißt Binnendifferenzierung und meint das Eingehen auf individuelle Begabungen und individuelles Lerntempo.

Auf den ersten Blick erscheint dies als die Quadratur des Kreises. Aber die Mühe lohnt sich. Die Begabungen und Interessen von Schülern sind breit gestreut. Dies sollten Sie sich als Lehrer zunutze machen. Begabtenförderung heißt auch Förderung des zwar eher mittelmäßigen Lateinschülers, dafür aber guten Zeichners, begabten Schauspielers oder talentierten Verfassers von literarischen Texten. Methodenvielfalt und Binnendifferenzierung helfen, den unterschiedlichen Begabungen Rechnung zu tragen und so den Unterricht spannender und effektiver zu gestalten. Das enthebt zwar keinen Schüler des Lernens, aber man kann es ihm – und damit sich selber – leichter machen.

Freilich bedarf es im Stress des schulischen Alltags bisweilen des Anstoßes von außen, um Neues zu wagen. Mit dem vorliegenden Lehrerband möchten wir Sie ermutigen, andere Wege zu gehen. Methodische und didaktische Tipps sollen Ihnen die Vorbereitung Ihres Lateinunterrichts mit *Intra* erleichtern. Alle Vorschläge sind im Unterricht erprobt. Vieles dient zur Anregung. Und vergessen Sie nie: Um Ihren Schülern die Begeisterung für das Lateinische solange wie möglich zu bewahren, sind Ihrer eigenen Phantasie keine Grenzen gesetzt.

Lateinunterricht in G8

Mittlerweile haben alle Bundesländer außer Rheinland-Pfalz G8 eingeführt. Der Lehrgang für Latein als 1. oder 2. Fremdsprache muss spätestens Ende Jahrgangsstufe 8 abgeschlossen sein. Das verlangt eine konzentrierte Lehrbucharbeit. Darüber hinaus fordern die einzelnen Bundesländer eine stärkere Anbindung des Lateinunterrichts an den modernen Sprachunterricht. Sie sehen in der Zusammenarbeit von Latein-, Englisch- und Deutschunterricht Synergieeffekte und streben eine kulturelle und sprachliche Vielfalt im Sinne des modernen Europa an.

Die Ansprüche sind hoch: Latein in Klasse 5 bzw. 6 gilt als Basissprache. Dem Lateinunterricht obliegt es, durch genaues Übersetzen und Erschließen von Texten und deren anschließende kritische Bewertung die Lesekompetenz der Schüler dahingehend zu erweitern, dass sie ihre Kommunikationsfähigkeit nicht nur für die deutsche Sprache, sondern auch für das Erlernen weiterer Fremdsprachen einsetzen. Sprachkompetenz, Textkompetenz, Kulturkompetenz und Methodenkompetenz sollen gefördert und verschiedene Formen „ökonomischen, kumulativen und selbstständigen Lernens und Denkens“ (Kernlehrplan Latein NRW) geschult werden. Gleichzeitig gilt es, die Bereitschaft und die Fähigkeit der

Schüler zur reflektorischen Auseinandersetzung mit Kultur, Geschichte, Normen, Denkmodellen und Werten der (römischen) Antike zu wecken. Durch parallelen Latein- und Englischunterricht können die gewünschten Synergieeffekte eintreten. Der Umgang mit lateinischen Texten ist damit nicht nur Selbstzweck, sondern Mittel zur Kommunikation zwischen Moderne und Antike. Der Hermeneutik kommt ein hoher Stellenwert zu.

Konzeption und Aufbau von *Intra* I

Intra I versucht, diesen Ansprüchen Rechnung zu tragen. Das Lehrbuch ist auf 25 Kapitel angelegt. Die Lektionen 1 bis 11 führen horizontal die Kasus der a-, o- und der konsonantischen Mischdeklinationen und die Präsensformen des Indikativ Aktiv in allen Konjugationen ein. Außerdem lernen die Schüler den einfachen Hauptsatz bestehend aus Subjekt, Objekt, Attribut, Adverb und adverbialer Bestimmung im Akkusativ und Ablativ und den aci als satzwertige Konstruktion kennen. Die Formenlehre wird in den Lektionen 13 bis 21 um die Perfektstämme, die Formen und die Bedeutung von Perfekt, Imperfekt und Plusquamperfekt und um die i und die e-Deklination ergänzt. Indikativische Attribut- und Adverbialsätze erweitern den einfachen Hauptsatz. Die Lektionen 23 bis 25 behandeln die Adjektive der i-Deklination, die Einführung des Passivs in allen Formen des Indikativs und das Plusquamperfekt. Auf die Präsentation des Konjunktivs wird in Band I verzichtet. Die Lektionen 12 und 22 runden als Plateaulektionen den vorausgegangenen Grammatikstoff thematisch ab. In diesen Lektionen werden keine neuen Vokabeln eingeführt. *Intra* I ist in zwei Jahren mühelos zu bewältigen.

Zum Übungsbuch gehört ein grammatischer Begleitband mit Vokabelteil. Er ist sprachlich so gestaltet, dass Schüler ihn auch ohne fachliche Hilfe nutzen können. Eine beigefügte RAP-CD erleichtert mit Merkversen das Erlernen des Grammatikstoffes. Das zusätzliche Vokabelheft ist in seiner Handlichkeit für Schüler hilfreich.

In *Intra* werden pro Lektion ungefähr 30 (+5) Vokabeln, aufbauend auf dem Grundwortschatz von Klett, eingeführt. Eigennamen werden vorweg benannt. Die Erläuterungen zu den Eigennamen sind nur kurz, da sie, sofern es sich nicht nur um einfache römische oder griechische Namen handelt, im Eigennamenverzeichnis noch einmal ausführlich erklärt werden. Das Vokabelverzeichnis ist dreispaltig angeordnet. In der linken Spalte steht das lateinische Wort, in der Mitte folgen Genitiv, Geschlecht, Stammformen u.ä., in der rechten Spalte die deutsche Bedeutung. Auf Sprachvergleiche mit Fremdwörtern oder ähnlich lautenden Vokabeln der modernen Fremdsprachen wurde bewusst verzichtet. Sie sind Bestandteil der sprachvergleichenden Übungen.

Kapitelaufbau – Inhaltliche Progression

Jede Lektion besteht aus drei Teilen, dem lateinischen Lesestück, den Übungen und dem Informationstext. Meist ist ein sogenannter ***Intra-*** **Text** vorangestellt. Er dient der Vorerschließung und Einübung neuer grammatischer Kapitel, die im Lesestück vertieft werden. Dies erlaubt ein zügigeres Übersetzen des Lesestückes und richtet das Augenmerk der Schüler verstärkt auf den Inhalt. Sofern nicht neue Wortgruppen wie Adjektive oder Pronomina vorgestellt werden, erfolgt die Vorerschließung anhand bekannter Vokabeln. Zum gibt es nur in besonderen Fällen wie der Einführung des aci in Lektion 9 eine Aufgabenstellung.

Die **Lesestücke** sind kolometrisch gedruckt. Grammatische Strukturen und Konstruktionen sind so für die Schüler transparenter. Die Texte sind in Sinnabschnitte gegliedert, damit man auch einzelne Texteinheiten im Unterricht übersetzen kann, ohne dass die Übersetzung „unfertig" wirkt. Die Vokabeln sind auf diese Sinnabschnitte abgestimmt und können abschnittsweise gelernt werden.

Jedes Lesestück, mit Ausnahme der Lektionen 5/6 und 14/15, bildet eine abgeschlossene Einheit. Auf Fortsetzungsgeschichten wurde bewusst verzichtet. Die Texte 1 bis 11 enden alle mit einer kleinen Pointe. Sie sind so konzipiert, dass sie sich gut von Schülern nachspielen lassen. Im weiteren Verlauf des Buches lehnen sich die Texte immer stärker an lateinische Originaltexte an. Der frühzeitige Einsatz originaler Junkturen und Formulierungen soll einem potenziellen Lektüreschock vorbeugen.

Textspürnasen dienen der Vorerschließung des Lesestückes. Im Anschluss an die Übersetzung folgt der Aufgabentyp **Textexperten.** Er reicht von der einfachen Textwiedergabe über die Herausarbeitung zentraler Begriffe bis hin zur inhaltlichen Auseinandersetzung und Einbeziehung in die Welt der Schüler. Intention der Aufgaben ist die von den Richtlinien der Bundesländer geforderte Bereitschaft und Fähigkeit, zur Auseinandersetzung mit fremden Denkvorstellungen die vom eigenen Standpunkt aus reflektiert werden sollen. Dieses Ziel wird ab Lektion 1 verfolgt. Viele der Aufgaben sind handlungsorientiert. Die Kinder üben den selbstständigen Umgang mit literarischen Texten und lernen verschiedene Formen der Handlungsorientierung kennen. Die Aufgaben verstehen sich als Angebot und brauchen nicht immer alle bearbeitet zu werden.

Die **Übungen** folgen einer Progression vom Leichteren zum Schwereren und können oft auch vor Abschluss der Lektüre des Lesestückes eingesetzt werden (vgl. dazu Hinweise im Einzelnen).

Es gibt verschiedene Aufgabentypen:
- **Wortkörbe** helfen bei der Unterscheidung von Wortarten und Satzteilen.
- Beim **Mäusefraß** ergänzen die Schüler fehlende Endungen.
- Beim **Verwandlungszauber** und **Wippen** trainieren die Kinder den Wechsel vom Singular in den Plural, von einem Tempus in ein anderes und vieles mehr.
- Die **fehlerhafte Schreibtafel** übt die KNG.
- **Proteus,** der wandelbare Meeresgott, und das S**pringen von Stein zu Stein** unterstützen die selbstständige Bildung von Formen.
- Mit dem **Streik der Ablative** lernen die Schüler die verschiedenen semantischen Funktionen des Ablativs kennen.
- **Switchboard-Übungen** vertiefen den Umgang mit der Syntax.
- **Schwarze Schafe** schärfen den Blick für Wort – und Grammatikgruppen.
- **Mindmaps** unterstützen das Lernen inhaltsverwandter Vokabeln.
- **Wortrosetten** zeigen inhaltliche Zusammenhänge von Fremd – oder Lehnwortgruppen.
- Das **Satzgliederhaus** dient der Analyse von Satzteilen.
- **Verstecktes Latein** und **Millionärsfragen** helfen Fremdwörter mit lateinischer Herkunft zu entschlüsseln.
- **L(atein)E(nglisch)F(ranzösisch)I(talienisch)S(panisch)-Übungen** zeigen die sprachliche Verwandtschaft moderner Sprachen mit dem Lateinischen.
- **Hanteln** stellen den Zusammenhang zwischen englischer Vokabel und lateinischem Ursprungswort her.

Die **deutsch-lateinischen Übersetzungstexte** sind fakultativer Bestandteil des Übungsteils. Sie fördern den selbstständigen Umgang mit der lateinischen Syntax und Grammatik und schulen das Verständnis für Unterschiede im lateinischen und deutschen Sprachempfinden. Als kleine abgeschlossene Erzählungen laden sie auch als deutsche Texte zur inhaltlichen Auseinandersetzung ein. In der NRW-Ausgabe wird auf die Übersetzung in die Fremdsprache verzichtet. Stattdessen festigen hier weitere lateinisch-deutsche Übersetzungstexte die grundlegende Kompetenz des Übersetzens.

Neben diesen Standardübungen gibt es auf den Übungsstoff zugeschnittene individuelle Aufgaben, die von Lektion zu Lektion variieren: **Gangster-Boss** (Lektion 15 Übung 3, S. 124), **Griechischstunde** (Lektion 15 Übung 6, S. 125), **Germanicus kommt in die Gänge** (Lektion 16, Übung 4, S. 132) und **Trojanisches Pferd** (Lektion 20, Übung 9, S. 127).

Piktogramme weisen den Weg durch die verschiedenen Übungstypen:
- **Bausteine:** Verbformen
- **Ringe:** Nominalformen
- **(Satzglieder-)Haus:** Syntax
- **Zauberer:** Bildung von Sätzen aus verschiedenen Satzelementen.
- **Mund mit Fragezeichen:** Fremdwörter der deutschen Sprache
- **Boot:** deutsch-lateinisch Übersetzung
- **Sägender Theophilus:** Schematische Formenübung
- **Pärchen:** Kongruenz
- **Theatervorhang:** Darstellendes Spiel
- **Schafe:** Herausfiltern des „Störers"
- **Detektiv:** Semantische Funktionen des Ablativs
- **LEFIS:** die Abkürzung für Latein - Englisch - Französisch - Italienisch - Spanisch; Vergleich von lateinischen Vokabeln mit Wörtern aus dem Englischen und aus den romanischen Sprachen.

Den Abschluss einer jeden Lektion bildet der **Informationstext.** Wissenschaftliches Niveau bei kindgerechter Sprache, schwerpunktmäßige Behandlung von für Kinder interessanten Fakten, kleine Anekdoten und Aktualitätsbezüge kennzeichnen diese Texte. In den Aufgabenstellungen finden sich neben der kritischen Bewertung der Inhalte auch handlungsorientierte Aufgaben wie das Verfassen eigener Texte, das selbständige Suchen im Internet, Theateraufführungen, das Basteln von Alltagsgegenständen, die Beschaffung von Bildmaterial, das Erstellen von Collagen und vieles mehr. *Intra* versucht mit seinen Sachtexten nicht nur eine Brücke zwischen Lesestück und Einordnung in den kulturhistorischen Kontext zu schlagen, sondern auch zwischen Antike und moderner Lebenswelt. Alle Informationstexte eignen sich für Projektarbeit.

Wesentliches Ziel der Aufgaben in den einzelnen Lektionen ist die Einbeziehung der Lebenswirklichkeit der Schüler in die Welt der Antike. Unter dem Aspekt der historischen Kommunikation werden die Kinder immer aufgefordert, sich mit Inhalten auseinanderzusetzen, zu diskutieren und Argumente kritisch zu beleuchten.

Didaktisches Konzept

Intra versucht, durch abwechslungsreiche Aufgabenstellungen Methodenvielfalt im Lateinunterricht zu gewährleisten. Zu jeder einzelnen Lektion finden Sie Vorschläge für die Umsetzung im Unterricht. Darüber hinaus bieten wir Ihnen einige allgemeine methodische Tipps, die aus der unterrichtlichen Praxis erwachsen sind. Jede Lektion wird in diesem Lehrerheft behandelt. Die Kurzanalyse der einzelnen Aufgaben in den Lektionen soll Ihnen die Entscheidung im Umgang mit dem Material und bei der Auswahl von Aufgaben erleichtern. Die Entscheidung, was für Sie wichtig und was weniger wichtig ist, liegt ganz bei Ihnen. Jede Lerngruppe ist anders und hat andere Bedürfnisse. *Intra* versucht, durch eine große Variationsbreite in den Aufgaben diesen Bedürfnissen entgegenzukommen. Am Ende der behandelten Lektion finden Sie oft Zusatzmaterial. Dabei handelt es sich vor allem um Vorschläge für einen handlungsorientierten Unterricht und um ausführliches Informationsmaterial zum Thema der jeweiligen Lektion. Zusätzliche Übungen finden Sie in einem eigens für die Schüler gestalteten Arbeitsheft.

Binnendifferenzierung

Intra legt großen Wert auf Binnendifferenzierung. Durch vielseitige Aufgaben(typen) wird der Forderung der einzelnen Richtlinien nach Binnendifferenzierung Rechnung getragen. Es gibt Aufgaben, die sich besonders für die Begabtenförderung eignen – dazu gehören ganz wesentlich (außer in der NRW-Ausgabe) die deutsch-lateinischen Übersetzungstexte, aber auch das Verfassen literarischer Texte oder künstlerische Tätigkeiten – und andere Arbeitsaufträge, die in ihrer Redundanz speziell auf schwächere Schüler zugeschnitten sind und sinnvoller Weise dann bearbeitet werden, wenn die anderen mit ihren Aufgaben beschäftigt sind. Viele Übungen sind besonders hausaufgabentauglich oder können zur gezielten Vorbereitung auf Klassenarbeiten eingesetzt werden. Auch hier ist im Einzelfall zu überlegen, ob man diese Übungen angesichts der unterschiedlichen Leistungsfähigkeit der einzelnen Schüler tatsächlich immer im Plenum bearbeitet. Oft ist es sinnvoll, einen guten Schüler mit einem schwächeren in Partnerarbeit zusammenarbeiten zu lassen oder Kleingruppen zu bilden, in denen ein guter Schüler den anderen bei der Bearbeitung von Übungen hilft. Ziel ist es, einen möglichst gleichen Lernstand aller Schüler zu erreichen und dabei dem unterschiedlichen Lerntempo jedes einzelnen Schülers im Rahmen der unterrichtlichen Voraussetzungen gerecht zu werden. Ehrlicherweise muss man allerdings darauf hinweisen, dass Vieles nur in Klein – und Fördergruppen umsetzbar ist und dass einem Lehrbuch in diesem Punkt Grenzen gesetzt sind. So muss ein bestimmter Stoffumfang innerhalb eines definierten Zeitrahmens erarbeitet werden, um die sprachliche Progression zu gewährleisten. Trotzdem bieten Schule und Lehrbuch heute Möglichkeiten, von denen frühere Schülergenerationen nur träumen konnten. Projektarbeit, die Arbeit mit Computer und Internet, darstellendes Spiel, all das sind Chancen für Lehrer, auch die Schüler für ihr Fach zu interessieren, die sich sonst entziehen würden.

Textvorerschließung und Textanalyse

Die Förderung der Sprach- und Textkompetenz ist eine zentrale Aufgabe des Sprachunterrichts. Aus Gründen der Transparenz und der Effizienz ist man in der lateinischen Didaktik vielfach wieder zur Methode der Vorerschließung zurückgekehrt. Doch während in älteren Übungsbüchern das Augenmerk vor allem auf den neuen Grammatikstoff gerichtet war, wird heute mit Blick auf ein vertiefendes Textverständnis zwischen Spracherwerb und Textreflexion unterschieden. *Intra* hat sich dieses didaktische Konzept zu eigen gemacht und arbeitet nicht nur mit grammatischer, sondern auch mit inhaltlicher Vorerschließung und führt über moderne Methoden der Textanalyse zu einem tieferen Verständnis der Unterrichtsinhalte. Drei ineinander greifende Aufgabentypen durchziehen den gesamten Sprachlehrgang von *Intra* I und *Intra* II:

Die ***Intra*-Texte** bereiten den Grammatikstoff einer Lektion vor, indem sie anhand einfacher Sätze neue Formen, Wortarten und Konstruktionen vorführen. Die Übungssätze sind so gestaltet, dass sich die Schüler ganz auf den Grammatikstoff konzentrieren können. Es ist sinnvoll, den erlernten Stoff zunächst anhand von Übungen und mit Hilfe der Begleitgrammatik zu sichern und erst dann mit der Lektüre des Lesestücks zu beginnen (in größeren Einheiten oder am Stück).

Die **Textspürnasen** richten das Augenmerk der Schüler auf den Inhalt der Lesestücke. Nur selten gibt es eine grammatische Vorerschließung (wie etwa in den Lektionen 9 und 13). In den meisten Fällen sollen im Lesestück vorkommende Personen und wichtige Sachbegriffe herausgearbeitet werden. Gelegentlich erfolgt die Textvorerschließung mithilfe der Überschrift oder über eine Bildbetrachtung.

Von der ersten Lektion an werden die Schüler in den **Textexperten** an die inhaltliche Auseinandersetzung mit den Texten herangeführt. Die Aufgaben reichen von der einfachen Textgliederung und Textwiedergabe bis hin zum Aktualitätsbezug und zur reflektorischen Auseinandersetzung in Form von Bewertungen, Diskussionen, Stellungnahmen, eigenen Texten, Projekten und darstellendem Spiel. Unterschiedliche Textsorten werden benannt und zunehmend in ihren Besonderheiten analysiert. *Intra* übt dabei von Anfang an das für die Interpretation von Texten so wichtige Zitieren lateinischer Wörter und Sequenzen (später auch Stilmittel) und überträgt damit die Didaktik des modernen Sprach-, speziell des Englischunterrichts fachspezifisch auf den Lateinunterricht.

Tipps zur Methodik und Didaktik

Grammatik

Viele Schüler (besonders in der Klasse 5) empfinden, dass sie mit dem Lateinischen nicht nur eine weitere Fremd-, sondern auch eine komplizierte Begriffssprache lernen müssen. Meist ist es nicht die Sprache selbst, die den Schülern Schwierigkeiten bereitet, sondern diese für das Lateinische typische Zweigleisigkeit, die für die Kinder gleichbedeutend mit dem Spracherwerb ist.

Beziehen Sie daher von Anfang an (spätestens ab Lektion 5) die Begleitgrammatik mit ein und gewöhnen Sie die Kinder daran, auch eigenständig mit ihr zu arbeiten. Darüber hinaus ist es sinnvoll, wenigstens in der ersten Phase des Lateinunterrichts die Schüler zusätzlich eine eigene, individuell gestaltete Grammatikmappe führen zu lassen. Diese Mappe sollte kein „trockenes" Regelheft sein, da das Führen solcher Hefte oft eher als Last, denn als Hilfe empfunden wird.

In diese Mappe gehören Deklinations- und Konjugationstabellen mit Musterwörtern, die *nicht* mit denen der Begleitgrammatik identisch sind. Weitere Bestandteile können ein selbst gemaltes Satzgliederhaus, die Visualisierung von Grammatikstoff wie die der semantischen Funktionen des Ablativs und/oder knapp formulierte Grammatikregeln sein. Ihrem und dem Einfallsreichtum Ihrer Schüler sind keine Grenzen gesetzt. Sammeln Sie die Mappen zwischendurch zur Bewertung ein. Auf diese Weise können Sie sehen, ob alles verstanden wurde, und die Kinder gleichzeitig motivieren, ihre Mappen ordentlich zu führen und so zu gestalten, dass sie wirklich hilfreich sind. Es empfiehlt sich, für die Schülermaterialien des Lateinunterrichts eine einheitliche Farbe zu wählen. Die Kinder sehen auf den ersten Blick, ob sie alles eingepackt haben.

Ich habe schon darauf hingewiesen, dass *Intra* in der Regel mit grammatischer Vorerschließung arbeitet. Die Behandlung von Grammatikstoff sollte daher während der Übersetzung der Lesestücke auf das Notwendigste reduziert werden, weil sich sonst Ermüdungseffekte einstellen. Nicht zuletzt deswegen beschränkt sich *Intra* in den **Textexperten** auch weitgehend auf inhaltliche Fragen. Grammatische Besonderheiten bespricht man besser im Anschluss an die vollständige Übersetzung. Die meisten Schüler verfügen über ein gutes Sprachgefühl und übersetzen instinktiv richtig. Natürlich kann Gefühlslatein nicht unser Ziel sei. Deshalb muss im Anschluss an die Übersetzung eine genaue grammatische Analyse erfolgen, die sich allerdings an der Übersetzung der Schüler orientiert. Diese Vorgehensweise ist dem modernen Sprachunterricht entnommen. Nur besonders schwierige sprachliche Erscheinungen sollte man im Vorhinein besprechen.

Umgang mit dem Satzgliederhaus

Das Satzgliederhaus ist in vier Zimmer eingeteilt. Es gibt ein Subjekt-, ein Prädikat-, ein Objekt- und ein Adverbzimmer. Vom Prädikatzimmer aus führen zwei Treppen in Objekt- und Adverbzimmer. Im Subjekt-, Objekt-, und Adverbzimmer befinden sich noch zusätzlich Attributlampen. Mit dem Satzgliederhaus können die Kinder auch zwischen Objekt- und Adverbialsätzen unterscheiden.

Das Satzgliederhaus wird die Schüler während des Sprachlehrganges begleiten. Das Prinzip ist einfach und kann von Anfang an eingesetzt werden, weil es sehr anschaulich ist. Das Haus besteht aus zwei Etagen. In der unteren Etage sind die beiden Räume für Subjekt und Prädikat. Die Räume sind durch eine offene Tür miteinander verbunden. So sehen die Schüler, dass ein Satz immer aus Subjekt (blau) und Prädikat (rot) besteht. Vom Prädikat aus führen zwei Treppen in die obere Etage. Dort gibt es zwei weitere Räume, ein Objekt-(grün) und ein Adverbzimmer (gelb). Die den einzelnen Räumen zugeordneten Farben sollte man auch dann für Satzanalysen benutzen, wenn man das Satzgliederhaus selbst nicht mehr im Unterricht einsetzt. Das erleichtert den Schülern die Übersetzung bis in die Lektürephase.

Eine Abbildung des Satzgliederhauses liegt dem Lehrerheft bei. Aber jeder Schüler sollte auch ein eigenes Haus besitzen. Lassen Sie dazu von jedem Schüler ein eigenes Satzgliederhaus zeichnen. Die Kinder schmücken das Haus gerne aus. Dagegen ist natürlich nichts einzuwenden, nur muss man aufpassen, dass sich die Kinder nicht in allzu viele Details verlieren und anschließend die Übersicht verlieren. Die einzelnen Räume müssen klar benannt sein. Achten Sie auch darauf, dass die Kinder die beiden Treppen in das Obergeschoss so zeichnen, dass deutlich wird, dass man nur vom Prädikat aus in das Obergeschoss gehen kann. So lernen die Kinder von Anfang an, dass dem Prädikat die wichtigste Funktion im Satz zukommt.

Für die Kinder sind die Grammatikbegriffe ja oft noch sehr abstrakt. Es kann daher hilfreich sein, die einzelnen Satzglieder mit Zusätzen wie

Herr oder Frau zu versehen. Gerade für Schüler der Jahrgangsstufe 5 ist die Personifizierung der abstrakten Begriffe hilfreich. Man kann z. B. mit den Damen Subjekt und Adverb und den Herren Prädikat und Objekt arbeiten. Ein kleines Beispiel: Auch wenn Frau Subjekt ihr eigenes Zimmer hat, liebt sie es, in das Zimmer von Herrn Prädikat hinüberzugehen, um mit ihm Kaffee zu trinken (= Personalendung im Prädikat).

Hörverstehen

Mittlerweile hat sich die Erkenntnis durchgesetzt, dass das Hören von Sprache einen wichtigen Beitrag zum Spracherwerb leistet. Von Heinrich Schliemann weiß man, dass er auf diese Weise Fremdsprachen in kürzester Zeit lernte. Die Kinder sind vom Englischunterricht der Grundschule her gewohnt, Fremdsprache zu hören und zu sprechen. Diese Fähigkeit, die im Englischunterricht weitergeschult wird, sollte man sich auch im Lateinunterricht zunutze machen. Schon die ersten Lektionen von *Intra* I eignen sich sehr gut für Hörverstehens-Übungen.

Beim Hörverstehen können die Kinder sprachintuitiv improvisieren, eine wichtige Fähigkeit, um den passiven Wortschatz zu bereichern und – in späteren Unterrichtsphasen – den Sinn fremder Texte zumindest im Kern zu erfassen, dies ist übrigens auch eine Form der Textvorerschließung. Man sollte die Schüler also möglichst früh an das Hörverstehen heranführen. Dazu gibt es verschiedene Methoden. Wichtig ist nur, dass neuer Grammatikstoff vorher behandelt werden muss.

Relativ bekannt ist das Verfahren, durch Ja-Nein-Fragen Schüler an das Textverständnis heranzuführen. Diese Vorgehensweise eignet sich vor allem für anspruchsvolle Texte, bedarf dann aber einer gründlichen Vorbereitung der Vokabeln. Der Vorteil diese Methode besteht darin, dass der Text mehrfach als Ganzes vorgetragen wird und die Schüler durch das wiederholende Hören ein Grundverständnis entwickeln.

Für Anfänger ist diese Methode nur bedingt geeignet. Bei ihnen ist ein Hörverstehen mit bekannten Textinhalten vorzuziehen. Am leichtesten ist die abschnittsweise Übersetzung eines lateinischen Satzes. Die Kolometrie bei den *Intra*-Lesestücken kommt dieser Vorgehensweise entgegen. Dennoch eignet sich diese Form des Hörverstehens nur für relativ überschaubare Satzstrukturen. Sie fördert das konzentrierte Zuhören, kann aber für Schüler auch schnell ermüdend und langweilig werden, zumal dann, wenn sie den Kontext aus den Augen verlieren.

Ausgesprochen effektiv ist dagegen folgende Variante, die sich besonders für Schüler der Jahrgangsstufen 5 und 6 eignet. Die ersten elf Lesestücke von *Intra* lassen sich sehr gut pantomimisch darstellen. Die darstellerische Umsetzung von Texten ist eine zentrale Kompetenz, die im modernen Lateinunterricht erworben werden soll und die den Kindern sehr viel Freude macht. Ein oder mehrere Schüler lesen den Text, andere spielen ihn gleichzeitig. Bei dialogischen Stücken sprechen die Darsteller ihre Texte selbst. Ein Sprecher trägt die Rahmenerzählung vor. So lernen die Kinder über das Spiel Vokabeln und Syntax. Diese Form des Hörverstehens eignet sich hervorragend für die Präsentation im Rahmen einer Projektarbeit.

Sehr geeignet für das Hörverstehen sind die lateinischen Fassungen der fakultativen deutsch-lateinischen Übersetzungstexte. Syntax und Grammatik dieser Texte sind sehr übersichtlich und können auch von schwächeren Schülern im Hörverstehen verstanden werden. Entweder tragen Sie selbst den lateinischen Text vor oder Sie lassen die Übersetzung von einer kleinen Gruppe dafür besonders begabter Schüler anfertigen. Dann dient das Hörverstehen zur Kontrolle, ob richtig übersetzt wurde. In diesem Fall sollten allerdings gravierende Verstöße in Grammatik und Syntax vorher korrigiert worden sein.

Im Hörverstehen geübte Schüler können auch unbekannte Lektionstexte übersetzen. Dazu benötigen sie natürlich ihre Vokabelverzeichnisse. Je nach Schwierigkeitsgrad des Textes und je nach Leistungsvermögen der Schüler geht man satz- oder abschnittsweise vor. Erfahrungsgemäß ergänzen und korrigieren sich die Schüler untereinander und übersetzen gemeinsam. Eine genaue Übersetzung des Textes anhand des Übungsbuches im Anschluss an das Hörverstehen ist unbedingt erforderlich.

Deutsch-lateinische Übersetzung

Sollten Sie im Unterricht ins Lateinische übersetzen lassen, so bieten sich zwei Methoden an. Bei einfachen Texten, die man in der Regel im Plenum durchführt, ist es sinnvoll, mit einem sogenannten Wortstock zu arbeiten. Dazu ziehen Sie auf der Tafel einen Trennstrich und benutzen die eine Seite für den Wortstock und die andere für die Übersetzung. Lassen Sie die Kinder zunächst die einzelnen Satzglieder bestimmen, die entsprechende lateinische Form bilden und in den Wortstock schreiben. Setzen Sie nun mit den Kindern den Satz zusammen, indem Sie das Prädikat ans Ende und das Subjekt an den Anfang stellen. Lassen Sie ausreichend Platz zwischen Subjekt und Prädikat (und gegebenenfalls vor dem Subjekt. Pfiffigen Schülern fällt nämlich rasch direkt auf, dass ein Adverbiale ja auch vor dem Subjekt stehen kann). Zur Kontrolle der Übersetzung lässt man den Text rückübersetzen. Das kann man bei leichten Texten auch über Hörverstehen machen. Lassen Sie ruhig einmal einen Fehler stehen. Bei der Rückübersetzung werden die Schüler schon merken, dass da etwas nicht stimmt.

Angesichts der unterschiedlichen Leistungsfähigkeit der Schüler ist zur Binnendifferenzierung zu raten. Schwierige Texte sollten Sie nur von einem Teil der Schüler übersetzen lassen. Es empfiehlt sich, ein festes Team von besonders geeigneten Schülern für die durchgängige Übersetzung der deutsch-lateinischen Übersetzung zu bilden und diese Gruppe im Einzelfall durch weniger begabte Schüler zu erweitern. Beide Seiten profitieren von dieser Methode. Einer Elitebildung wird entgegengewirkt, weil sich auch andere Schüler mit in die Arbeit einbringen (soziale Kompetenz). Gleichzeitig bekommen überdurchschnittlich begabte Schüler Gelegenheit, neue Grenzen auszuloten (Begabtenförderung). Die Schülern dürfen immer Vokabelverzeichnis und Begleitgrammatik benutzen. Der Zeitrahmen zur Bearbeitung der Texte sollte großzügig bemessen sein.

Lassen Sie die in der Gruppe erstellte deutsch-lateinische Übersetzung im Plenum (gegebenenfalls über Hörverstehen) nachübersetzen. Gravierende Fehler sollten, wie bereits erwähnt, vorher korrigiert sein, aber ein falsches Tempus oder ein falscher Kasus, das Fehlen des Akkusativs oder Infinitivs im aci werden durchaus von Schülern erkannt. Sagen Sie den Schülern der Gruppe allerdings vorher Bescheid, wenn Sie Fehler bewusst stehen lassen. Am Ende wird der deutsche Originaltext vorgelesen, der aber nur den Schülern vorliegt, die die Übersetzung angefertigt haben. Eine Kontrollübersetzung über Hörverstehen erfolgt satzweise. In dem Fall wird nach jedem Satz das deutsche Original vorgelesen. Stimmen lateinische Übersetzung und deutsches Original überein, ist dies für die Schüler immer ein großes Erfolgserlebnis.

Dazu eine persönliche Anmerkung: Wenn Sie die Klasse für die deutsch-lateinische Übersetzung aufteilen, bedeutet das für viele im Klassenverband verbleibende Schüler – und für Sie selbst – oft eine Entspannung. Es sind ja eher die guten Schüler, die ins Lateinische übersetzen. Durch die Abwesenheit dieser Schüler können Sie sich besser auf das Lerntempo der schwächeren Schüler einstellen, ohne befürchten zu müssen, dass sich die anderen langweilen. Dies geht normalerweise nur in den Kleingruppen des Förderunterrichts. Nutzen Sie diese Phasen beispielsweise, um Grammatikstoff zu wiederholen oder leichtere Übungen mit den Schülern zu bearbeiten.

Formen üben

Formen müssen immer wieder geübt und wiederholt werden. Daran führt kein Weg vorbei. Allerdings kann man es den Schülern leichter machen. Das gemeinsame Deklinieren und Konjugieren im Unterricht, obwohl vielleicht nicht mehr „zeitgemäß", ist nach wie vor hilfreich und wird von den Schülern keineswegs als „hinterwäldlerisch" empfunden. Man kann diese Methode nämlich durchaus abwechslungsreich gestalten. Schüler lieben den Wettbewerb. Lassen Sie die Schüler also ab und zu gegeneinander antreten, indem die eine Hälfte der Klasse gegen die andere deklinieren, konjugieren oder Formen wippen muss. Man kann die Schüler auch um den Titel des Grammatikkönigs (Vokabelkönigs) kämpfen lassen (nicht nur bei den Kleinen beliebt). Dazu müssen alle aufstehen und ohne lange Überlegung die richtige Form nennen. Wer eine Form nicht weiß, muss sich setzen. König oder Königin ist, wer als Einziger am Ende noch stehen bleibt. Arbeiten Sie mit kleinen Belohnungen. Sie werden erstaunt sein, wie erfolgreich diese Methode ist.

Man kann gelegentlich auch ein Formen-Memory durchführen. Dazu nimmt man die halbe Anzahl der Klasse weniger zwei für die beiden Schüler, die beim Memory gegeneinander antreten werden. Bei einer geraden Zahl an Schülern ist der Lehrer Schiedsrichter, bei einer ungeraden wählt man einen Schüler. Nun sucht man entsprechend der Zahl der Schüler z.B. Verben aus dem Vokabelheft. Gemeinsam bildet man von diesen Verben jeweils eine Person im Singular und die entsprechende Form im Plural. Dann bestimmt der Schiedsrichter die beiden Schüler, die den Klassenraum verlassen müssen. Die anderen schreiben je eine Form auf einen Zettel. Die Zettel werden vom Schiedsrichter eingesammelt, gemischt und anschließend neu verteilt. Dann werden die beiden Schüler wieder hereingerufen. Die anderen stehen auf und übernehmen die Rolle der Memoryteile. Wie bei jedem Memory müssen die zueinander passenden Paare gefunden werden. Hat einer der beiden Spieler ein Paar gefunden, muss sich das entsprechende Memorypaar setzen, der betreffende Spieler bekommt einen Punkt gut geschrieben und hat einen weiteren Versuch. Sieger ist, wer die meisten Paare gefunden hat. Natürlich kann man dieses Memory auch mit verschiedenen Tempora, Modi, Genera Verbi, Formen von Substantiven, Adjektiven, Pronomina oder deutschen und lateinischen Vokabeln spielen.

Verschiedene Methoden zum Vokabeltraining

Vokabellernen gehört zum Spracherwerb. Die Vokabelkenntnisse müssen immer wieder überprüft werden. Vokabeltests sind daher unumgänglich. Das mühevolle und wenig abwechslungsreiche Korrigieren solcher Tests lässt sich jedoch erleichtern. Schreiben Sie neben offiziellen Vokabeltests in festen Abständen auch kleinere Tests, die die Schüler selber korrigieren (Kleiner Tipp: Lassen Sie die Schüler eigene Hefte für die Vokabeltests anschaffen). Bei der Korrektur dieser Tests werden die Vokabeln automatisch mit wiederholt. Gehen Sie am besten so vor: Nachdem der Vokabeltest geschrieben wurde, verteilen Sie die einzelnen Tests unter den Schülern (Achtung, niemand darf seinen eigenen Test bekommen!). Sie selbst wählen drei oder vier Tests für Ihre Korrektur aus. Anschließend korrigieren die Schüler die Tests gemeinsam mit Ihnen im Unterricht oder sie korrigieren zu Hause. Geben Sie ein Notenschema vor und schreiben Sie die von den Schülern verteilten Noten auf. Die von Ihnen bewerteten Tests kennzeichnen Sie besonders.

Um einigermaßen sicherzugehen, dass nicht geschummelt wird, sollten Sie anschließend drei von Schülern korrigierte Tests auslosen und nachkorrigieren. Sie werden erstaunt sein, wie ehrlich die Schüler mit dieser Methode umgehen, wenn sie von Anfang an daran gewöhnt sind. Tests dieser Art gelten bei uns als „hausintern“ im Unterschied zu den „großen“ Tests, die offiziell korrigiert und bewertet werden.

Wenn Sie im Unterricht mit Karteikarten arbeiten, lassen Sie zur Abwechslung die Karten anstatt lateinisch-deutsch, einmal mit lateinischer Vokabel und Stammformen, Genitivendung und Genusangabe bzw. bei Adjektiven den einzelnen Genera beschriften. Oder arbeiten Sie gleich mit zwei (!) Päckchen: Das eine enthält nur lateinische, das andere nur deutsche Vokabeln. Die Karteikarten werden gemischt. Die Abfrage ist mal lateinisch-deutsch, mal deutsch-lateinisch. Natürlich kommt es vor, dass eine Vokabel zweimal hintereinander, mal im Lateinischen, mal im Deutschen, abgefragt wird. Das ist natürlich für die Schüler immer eine Freude. Übrigens können Sie mit diesen Karten auch Vokabelmemory spielen lassen. Das ist allerdings sehr zeitintensiv und eignet sich nur für kleine Gruppen. Ich selber setze diese Methode ausschließlich im Förderunterricht ein.

Eine weitere, sehr effektive Variante lässt sich gut zu Anfang einer Stunde praktizieren. Jeder Schüler bekommt verdeckt (!) eine Vokabelkarte (wenn Sie deutsch-lateinisch abfragen, dann aus beiden Vokabelpacken, ansonsten nur lateinisch). Die Karte darf erst aufgedeckt werden, wenn der Name des betreffenden Schüler ausgelost wurde. Dazu existieren Namenskärtchen für alle Schüler, (die man natürlich auch anderweitig benutzen kann). Weiß ein Schüler die Bedeutung seiner Vokabelkarte nicht, wird eine neue Karte gezogen. Wird auch diese Vokabel nicht gewusst, kann man eine dritte und letzte Chance geben. Ansonsten muss das betreffende Vokabelkapitel abgeschrieben werden. Diese Art der Abfrage eignet sich besonders zur Wiederholung früherer Lektionen.

Man kann die Vokabelkarten auch dazu nutzen, hin und wieder ältere Lektionen abzufragen. Dazu zieht man zwölf Karten aus einer vorher nicht benannten Lektion. Nach der schriftlichen Abfrage tauschen die Schüler die Tests mit ihrem Sitznachbarn und korrigieren gemeinsam. Der Bewertungsmaßstab sollte streng sein. Bei mehr als drei Fehlerpunkten gibt es bereits ein „mangelhaft". Wirklich effektiv ist dieses Verfahren jedoch nur, wenn die Schüler nicht vorher wissen, welche Lektion ausgewählt wird. Dafür sollte man aber darauf verzichten, die Leistung mit Noten zu dokumentieren. Auch so (oder gerade deswegen) legen die Schüler einen großen Ehrgeiz an den Tag. Ist das Ergebnis katastrophal, so wird die betreffende Lektion offiziell wiederholt und im Form einer schriftlichen Überprüfung der Hausaufgabe abgefragt und bewertet.

Handlungsorientierung

Handlungsorientierter Unterricht wird heute von den Richtlinien aller Bundesländer gefordert. Diese Unterrichtsform ist in vielfacher Hinsicht hilfreich. Sie eignet sich auch gerade für die Schüler, denen das systematische Lernen etwas schwer fällt. Oft bringen diese Schüler eine große Bereitschaft mit, sich im Rahmen von Projekten mit dem Lernstoff auseinanderzusetzen. Handlungsorientierung schult die Fähigkeit zur selbstständigen Erarbeitung von Unterrichtsgegenständen und fördert die Teamfähigkeit, da sie meistens mit Gruppenarbeit verbunden ist. Die Schüler lernen den selbstständigen Umgang mit Medien wie Computer, Film, Lexikon, Internet, PowerPoint etc. und erwerben so zentrale Kompetenzen mit fächerübergreifenden Synergieeffekten.

Für die Handlungsorientierung eignen sich Präsentationen in Gestalt von Bildern, Collagen, Zeitungsberichten, Interviews bis hin zum Theaterspiel. Man kann Gegenstände herstellen, antike Spiele spielen und römische Gerichte kochen. Diese Art der inhaltlichen Auseinandersetzung, oft verbunden mit dem Hineinschlüpfen in antike Rollen, Situationen und Charaktere, stellt eine besondere Form der Reflexion und Identifikation dar. Das sinnliche Erleben beeinflusst das Lernverhalten positiv und trägt zur Förderung sozialer Kompetenzen bei.

In der Projektarbeit werden die unterschiedlichsten Kompetenzen geschult. Die Möglichkeiten sind vielfältig. Am populärsten sind Referate, für die die Schüler eigenständig Material beschaffen und die sie frei(!), gegebenenfalls mit PowerPoint, vortragen. Die Arbeit in Projektgruppen fördert das auf Kooperation hin angelegte selbstständige Arbeiten an einem vom Lehrer vorgeschlagenen, aber von den Schülern selbst gewählten Thema. Die Größe der Projektgruppe richtet sich nach dem Umfang des gewählten Themas, sollte aber nicht zu groß sein. Sonst besteht die Gefahr, dass der soziale Aspekt zu kurz kommt, weil sich nicht alle Schüler gleichberechtigt und gleichgewichtig einbringen (können). Außerdem sollte die Gruppe möglichst heterogen sein, um allzu große qualitative Unterschiede bei den Präsentationen zu verhindern. Ein wichtiges Ziel von Projektarbeit ist es, auch schwächeren Schülern die Gelegenheit zu geben, ihre besonderen Begabungen für das gemeinsame Ziel mit einzubringen. Wichtig: Beziehen Sie bei der Bewertung einer Projektarbeit die Teamfähigkeit der einzelnen Schüler und die Zusammenarbeit in der Gruppe mit ein.

Behandlung der einzelnen Lektionen

Lektion 1

Jeder Lateinlehrer weiß, wie wichtig die erste Lateinstunde ist. In dieser Stunde entscheidet sich vieles. Die Erwartungshaltung der Kinder ist groß. Dies gilt vor allem für die Schüler der Jahrgangsstufe 5, für die der Beginn des Lateinunterrichts in der Regel mit dem Eintritt in die weiterführende Schule zusammenfällt.

Die Bildergeschichte zu Anfang der Lektion trägt dieser besonderen Situation der ersten Stunde Rechnung. Sinnvoll ist es, sie zunächst einmal gemeinsam mit den Kindern anzuschauen. Der Stil wird sie an ähnliche Geschichten aus dem Englischbuch erinnern. Gleichzeitig werden sie durch den Einleitungssatz und die bildliche Darstellung in eine andere Welt versetzt. Der Inhalt der Geschichte ist schnell erfasst. Die Kinder lernen die Figuren der Geschichte kennen und erfahren beim Betrachten beiläufig schon einiges über die römische Kulturgeschichte wie Kleidung, Möbel, Unterrichtsmaterialien und Unterrichtsstil.

In Übung 2 beginnt das sorgsame Differenzieren zwischen Subjekt, Prädikat und Adverb. Lateinschüler (vor allem der Klasse 5) stehen ja vor einer Schwierigkeit: Sie müssen eigentlich zwei Sprachen lernen. Daher sollten Sie so früh wie möglich mit dem Satzgliederhaus arbeiten. Während die Kinder durch Satzgliederhaus und Wort-Körbe eine erste Sicherheit mit den grammatischen Begriffen erwerben, sind die Aufgaben 3 bis 5 darauf ausgerichtet, die Kinder an die Syntax heranzuführen und ihnen Satzstrukturen transparent zu machen. Es beginnt mit einer leichten Wortstockübung. Dann folgt ein Switchboard, bei dem die Kinder schon genauer überlegen müssen. Die Übung 5 ist eine Satzgliederhaus-Übung, bei der die Kinder zunächst lernen, nach den einzelnen Satzteilen zu fragen und anschließend die einzelnen Satzteile begrifflich zuordnen. Übungen zum Satzgliederhaus sollten aus Sicherheitsgründen grundsätzlich nur im Unterricht behandelt werden.

Die Fremdwörterübung ist sehr anspruchsvoll. Man kann davon ausgehen, dass nicht alle Fremdwörter bekannt sind. Sinnvoll ist es, nicht jeden Schüler alles suchen zu lassen, sondern das Nachschlagen auf einzelne Schüler zu verteilen, die anschließend ihre Ergebnisse vortragen. So lernen die Kinder von Anfang an, etwas selbstständig zu erarbeiten und es anschließend dem Plenum vorzutragen. Da die Kinder gerne solche Aufgaben übernehmen, sollten in jeder Lektion andere Schüler auf die Suche gehen.

In Übung 7 ist Ausprobieren angesagt, aber da die englischen und lateinischen Begriffe den Kindern bekannt und die italienischen Wörter vorgegeben sind, ist es für sie kein Problem, die Aufgabe zu lösen, egal ob sie diese Aufgabe als Einzelperson (in der Hausaufgabe?), in Partnerarbeit oder im Unterrichtsgespräch bearbeiten.

Spannend sind immer wieder Rätselaufgaben wie die in Übung 8, die eigentlich als Vokabeltraining gedacht ist.

Die fakultative deutsch-lateinische Übersetzung in Übung 9 ist so einfach, dass alle im Unterricht daran mitwirken können. Es handelt sich überwiegend um eine Rückübersetzung des Lesestückes. Für die Kinder stellt es aber in dieser ersten Phase des Spracherwerbs ein großes Erfolgserlebnis dar, wenn sie auch aus dem Deutschen übersetzen können.

Zusatzmaterial

Z 1: Hörverstehen

Lassen Sie die Kinder genau zuhören und dann entscheiden, ob die Aussage richtig oder falsch ist (vgl. auch Arbeitsheft, Lektion 1, Aufgabe 4).

	richtig	falsch
Discipulus semper dictat.		
Magister non vituperat.		
Puer saepe peccat.		
Lucius Graecus est.		
Praemium non delectat.		
Discipula scribit et scribit.		
Marcia gemit.		
Lucius cogitat: „Schola me delectat."		

Z 2: „Magister dictat et dictat et dictat ..." Besonders spannend ist ein solcher Unterricht schon deswegen nicht, weil man auch Schläge fürchten musste wie der Junge, der sich seufzend über die grausame Knute des ebenso grausamen Gratus (?) beklagt, „die ihn das Schreiben gelehrt habe" (vgl. Abb. Ahrweiler Kritzelei, Texte und Übungen, S. 15: „Scrib(!)tum me docuit Grati crudelis habena.")

Oder man musste so ehrgeizig sein wie Marcia, wenn man bei solchen Unterrichtsmethoden nicht die Lust am Lernen verlieren wollte. Denn altkluge Kinder gab es auch in der Antike. So sagt der Schüler in Ahrweiler, dass „ein Schwätzer zu sein pflege, wer nicht anständig gelernt habe" (vgl. Ahrweiler Kritzelei „qui bene non didicit, garrulus esse solet").

Beide Verse zusammen ergeben übrigens ein stilreines Epigramm, wenn hier auch der Pentameter vor dem Hexameter steht. Möglicherweise haben wir es hier mit zwei (einem?) recht gebildeten Pfiffikussen zu tun. Und übrigens, das nächste Graffito bricht unvermittelt ab …

Z 3: Für einen handlungsorientierten Unterricht: Lassen Sie die Kinder selber eine Wachstafel basteln. Das geht ganz einfach. Man nimmt ein kleines Brettchen und beklebt die Ränder mit schmalen Holzleisten; die Holzteile kann man im Baumarkt zuschneiden lassen. Anschließend gießt man heißes Kerzenwachs auf die Tafel (Wegen der Verbrennungsgefahr nur durch einen Erwachsenen durchführen lassen!) Die Kinder schnitzen einen Griffel – oder nehmen einen hölzernen Schaschlikspieß – und ritzen nun die Wörter, die Sie ihnen als Lehrer diktieren, in den Wachs. Es wird viele Proteste – und viel Spaß – geben. Versprochen!

Lektion 2

Thematisch geht es um die Einführung des Akk. Sg. der a-, o- und Mischdeklination (1), der e-Konjugation und *esse*, des Akk. Obj., der Apposition und des Infinitivs als Subjekt und Objekt. Da die neuen Formen problemlos während der Lektüre des Lesestückes eingeführt werden können, wurde auf einen ***Intra*-Text** verzichtet.

Das **Lesestück** ist so gestaltet, dass die Kinder es nachspielen können. Als Lehrer können Sie methodisch folgendermaßen vorgehen: Man wählt fünf Schüler, die die Rollen in dem Lesestück übernehmen. Sie bekommen ihre Namen und ihre Funktionen zugewiesen. Dann liest man den Text lateinisch ganz(!) vor. Die Kinder haben das Buch dabei geschlossen. Während des Vorlesens muss man immer auf die betreffende Person zeigen und deren Handlung mit Gesten veranschaulichen, damit die Kinder im Wesentlichen schon vorher verstehen können, worum es geht. Nur die Pointe werden sie vor der Übersetzung nicht erkennen. Diese Art des Vortrags dient zur Textvorerschließung und kann den Kindern den anschließenden Umgang mit den neuen Formen und deren Funktion im Satz erleichtern.

Nach der Übersetzung und Besprechung des Textes können Sie die Kinder das Lesestück mit verteilten Rollen lesen lassen. Die Rolle des Erzählers kann man zwei Schülern übertragen. Schnell haben die Kinder die wörtliche Rede gelernt, sodass man das Stück auch spielen kann. Das Vorlesen der Rahmenhandlung trainiert nicht nur das Hörverstehen, die Kinder lernen hinterher auch leichter ihre neuen Vokabeln.

Die **Textexperten**-Übung regt die Kinder zur inhaltlichen Auseinandersetzung an, indem sie sie mit der Problematik der Sklaven konfrontiert, die rechtlos die Launen und Ungerechtigkeiten ihrer Herrschaften über sich ergehen lassen müssen. Je nachdem, wie diese Analyse verläuft, kann man bereits jetzt den **Informationstext** mit einbeziehen. An der Sklavenfrage der Antike gibt es nichts zu beschönigen; sie ist ein soziales Faktum, über das man offen reden muss, zumal es auch heute noch Sklaverei gibt.

Scheint Ihnen diese Diskussion nach der Übersetzung verfrüht, dann können Sie die Textexpertenübung nach der Einübung der neuen Grammatik behandeln. Dies ist eine sinnvolle Alternative, da der Spracherwerb in dieser frühen Phase Vorrang hat.

Die Übungen 2 bis 4 systematisieren die neuen Formen. Parallel dazu können Sie bereits jetzt Deklinationstabellen für die Grammatikmappen erstellen lassen und die Formen des Nominativ und Akkusativ Singular einsetzen lassen. Spätestens in Lektion 4 sollten Sie damit beginnen.

In Übung 5 können die Kinder das Erlernte spielerisch vertiefen. Diese Übung eignet sich besonders für Partnerarbeit, kann aber aus Zeitgründen auch wegfallen.

Die Übung 6 eignet sich besser als Hausaufgabe, für den Unterricht ist sie zu „langweilig“. Dagegen lässt sich die Switchboard-Übung 7 gut während des Unterrichts in Partnerarbeit durchführen. Hier geht es um das richtige Einsätzen der einzelnen Satzglieder, das vielen Schüler anfangs große Schwierigkeiten macht und deswegen mit Blick auf später immer wieder intensiv geübt werden muss. Nicht ohne Grund schließt sich eine Satzgliederhaus-Übung an. Lassen Sie die Kinder ihre schönsten Sätze auf Folie oder an die Tafel schreiben und greifen Sie Sätze heraus, an denen die Kinder Satzteilbestimmung üben, die sie bei der anschließenden Satzgliederhaus-Übung vertiefen können.

Für diese Übung eignet sich Gruppen- oder Partnerarbeit. Dann sind auch die Kinder mit eingebunden, die sich mit Syntax und Fachsprache noch schwer tun. Eine Binnendifferenzierung ist in diesem Lernstadium nicht sinnvoll. Dem unterschiedlichen Lerntempo der Kinder begegnet man jetzt noch am besten durch Partner- und Gruppenarbeit. Hilfreich ist es, wenn Sie schon bei der Switchboard-Übung die Farben des Satzgliederhauses zur Bezeichnung der Satzglieder benutzen. Wichtig ist, dass die Kinder immer alle vier Farben parat haben. Auf keinen Fall sollte man andere Farben zulassen.

Zur Erholung gibt es **Verstecktes Latein** und appetitlich angerichtete **Vokabelhappen,** Übungen, die man im lockeren Unterrichtsgespräch erarbeiten kann. Die deutsch-lateinische Übersetzung ist fakultativ. Falls Sie deutsch-lateinisch übersetzen, arbeiten Sie am besten mit Wortstock.

Der **Informationstext** ist wie alle Informationstexte weitgehend selbsterklärend. Zusätzliches Informationsmaterial finden Sie unter Z. In der Aufgabenstellung werden unterschiedliche Kompetenzen eingeübt. Im Gespräch sollen die Schüler versuchen, sich in die Gedankenwelt eines antiken Sklaven hineinzuversetzen. Lassen Sie die Kinder zu zweit arbeiten und anschließend dialogisch vortragen. Sinnvoll ist es, vorher gemeinsam mit der Klasse Probleme antiker Sklaverei angesprochen zu haben.

Die Lexikonaufgabe ist besonders als Präsentationübung gedacht, die man einem oder zwei Schülern übertragen kann.

Zusatzmaterial

Z: Die Freilassung von Sklaven war üblich. Freigelassene galten in der Regel als sehr zuverlässig und solidarisch. Dass Sklaven sich ab 30 Jahren freikaufen konnten, wurde unter Augustus gesetzlich verankert. Die Sklaven galten dann als alt genug, sich ein eigenes Leben aufzubauen. Doch gab es auch Freilassungen jüngerer Sklaven, vor allem bei Angehörigen freizulassender Sklaven. Interessant für die Sklavenfrage sind die *Institutiones* des Gaius aus der Zeit um 160 n. Chr. und Catos *De agricultura 2.*

Lektion 3

Mit der Einführung der Adjektive lernen die Kinder die Grammatikvorerschließung durch den ***Intra*-Text** kennen. Da ***Intra*-Texte** nur bekannte Vokabeln benutzen, sind die neu eingeführten Vokabeln in der Marginalspalte angegeben. Die Kinder lernen an simplen Sätzen die KNG und die Funktionen des Adjektivs als Attribut und Prädikatsnomen kennen. Das Erlernte können sie direkt an der **fehlerhaften Schreibtafel** üben. Mit Übung 4 gibt es eine Parallelübung, die Sie durchaus daran anschließen können, auch wenn die Vokabeln noch unbekannt sind. So haben Sie eine Kontrolle, ob das Prinzip der KNG verstanden ist.

Für den **Lektionstext** bietet sich besonders in der Jahrgangsstufe 5 eine Vorgehensweise an, mit der Sie die Erarbeitung dieses Textes recht spannend gestalten können. Führen Sie zunächst die für die Atmosphäre wichtigen neuen Vokabeln ein: *vicus malus, dormire, luna plena, forum vacuum, magna umbra.* Übersetzen Sie jetzt noch nicht, sondern lassen Sie die Kinder ein bisschen darüber spekulieren, was jetzt kommen könnte. Dann lesen Sie ihnen den ersten Teil des Informationstextes bis Zeile 14 vor. Erst jetzt folgt die Übersetzung des Lesestücks. Die Gruselstimmung kann man noch damit steigern, dass man den Klassenraum etwas abdunkelt. Die Pointe am Ende lässt man am besten erst einmal unübersetzt. Die Kinder können dann raten, wie es weitergeht. Da der Lektionstext kurz und nicht allzu schwierig ist, lässt sich dieses Verfahren problemlos in einer Unterrichtsstunde durchführen.

Diese Geschichte eignet sich sehr gut für eine pantomimische Darstellung. Während der Text lateinisch vorgelesen wird, spielen einige Schüler das Geschehen. Besonders witzig wird es, wenn einer die Rolle des Schattens übernimmt und immer das Gleiche wie *Britannicus* macht.

Mit der **Theophilus-Übung** beginnt nun der „Ernst der Formenlehre". Die frühe Systematisierung der Verben in ihre jeweiligen Klassen soll den Schülern den Zugang zu der umfangreichen lateinischen Formenlehre erleichtern. Einen Teil der Übung sollte man im Unterricht, den Rest als Hausaufgabe bearbeiten lassen.

Im Lesestück haben die Kinder den Akkusativ neben seiner Objektsfunktion auch als adverbiale Bestimmung mit Präposition kennengelernt. Das Übersetzen wird ihnen keine Schwierigkeiten bereitet haben. In der Übung 5 wird die Verbindung von Präposition und Akkusativ systematisch geübt. Jetzt ist es an der Zeit, den Unterschied zwischen Objekt und Adverbiale zu thematisieren. Das geht am besten, wenn Sie mit den Kindern die Unterschiede einfach spielen.

Danach sollte sofort die **Hexenmeister**-Übung 6 folgen, die Sie zumindest teilweise gemeinsam mit den Kindern im Unterricht behandeln sollten. Weitere Kombinationsmöglichkeiten können dann in Partnerarbeit oder als Hausaufgabe ausprobiert werden.

Die Satzgliederhaus-Übung erarbeiten Sie wie üblich am besten über Tafelanschrieb im Unterricht mithilfe der entsprechenden Farben. Viele Kinder haben zunächst Schwierigkeiten mit der Unterscheidung zwischen Objekt und Adverbiale, sodass die Sicherung durch Tafel oder Folie unumgänglich ist.

Die sprachvergleichende Übung 9 sollte mit Blick auf die Richtlinien, nach denen Sprachvergleich als Kompetenz geschult werden soll, unbedingt im Unterricht behandelt werden. Die Schüler sollen so früh wie möglich lernen, auf Eigenheiten der jeweiligen indoeuropäischen Sprachen zu achten. Hier erfahren sie, dass das Französische im Unterschied zum Lateinischen nur das Femininum und das Maskulinum kennt und im Englischen beim Artikel nicht nach Genus unterschieden wird. Die sich anschließende sprachvergleichende **LEFIS**-Übung 10 eignet sich gut als Hausaufgabe.

Die **Schattenrisse** dienen als Vokabeltrainer, sind aber, da sie als Rätsel gestaltet sind, fakultativ. Für die Schüler ist diese Übung sicher schwierig, aber sie eignet sich sehr zur Entspannung und Auflockerung nach einer anstrengenden Arbeitsphase und sollte während des Unterrichts in Teamarbeit behandelt werden.

Die fakultative deutsch-lateinische Übersetzung ist als Kurzfassung des Lesestückes für die Schüler relativ leicht zu übersetzen. Hilfreich ist wieder die Methode der Wortstockarbeit.

Je nachdem wie Sie methodisch vorgegangen sind, haben Sie einen Teil des Subura-Informationstextes bereits gelesen. Es empfiehlt sich, den Text von den Schülern abschnittweise laut im Unterricht (weiter-)lesen zu lassen. Schauen Sie sich mit den Kindern gemeinsam die abgebildete Insula an. Erst dann sollten Sie die Aufgaben behandeln, die sich übrigens gut zur Binnendifferenzierung eignen. Einige Schüler verfassen gemeinsam den Lexikonartikel, andere beschäftigen sich mit der Szene vom „nächtlichen Gang".

Es gibt interessantes Zusatzmaterial zur Subura. Auch haben sich Teile eines Stadtplans aus der Zeit des Septimius Severus erhalten; dazu existiert eine englischsprachige Seite mit aussagekräftigen Fotos (vgl. Z. 2).

Zusatzmaterial

Z 1: (Neros nächtliche Attacken auf brave Bürger und die Folgen) vgl. Sueton, Nero 26: Ac saepe in eius modi rixis oculorum et vitae perculum adiit, a quodam latriclavio, cuius uxorem adtrectaverat, prope ad necem caesus.

Z 2: Im Friedenstempel des Septimius Severus befand sich einst ein Stadtplan, die *Forma Urbis Romae*, auf dem alle wichtigen öffentlichen Gebäude verzeichnet waren. Dieser Stadtplan hatte ursprünglich eine Breite von ca. 18 m und eine Höhe von 13 m und war auf 150 Marmorplatten im Innern angebracht. Es gibt 1.186 Originalfragmente, 87 weitere sind auf alten Zeichnungen und Stichen überliefert. Zurzeit versucht man in Stanford, den Stadtplan zu rekonstruieren. Es gibt eine Internetseite, auf der man sich einzelne Fragmente ansehen kann.

Die Adresse des Stanford Digital Forma Urbis Romae Project: http://formaurbis.stanford.edu/

Da es keine historischen Quellen zur Entstehungszeit des Stadtplans gibt, ist man auf andere Hinweise angewiesen. Man geht davon aus, dass er zwischen 203 (Bau des Septizodiums, eines dreistöckigen Nymphäums an der Via Appia, das im Stadtplan abgebildet ist und erst 1587/88 abgerissen wurde) und 211 (Todesjahr des Septimius Severus) entstanden ist.

Lektion 4

In *Intra* 4 lernen die Kinder den Plural kennen. Bevor Sie den Text übersetzen, sollten die Kinder die neuen Formen bei eigenen Büchern unterstreichen und/oder benennen. Schon der erste Satz des ***Intra*-Textes** führt die Schüler in die Grammatik von Lektion 4 ein. Da die neuen Formen vorher herausgearbeitet wurden, stellt die Übersetzung des Textes keine besondere Schwierigkeit mehr dar.

Das **Lesestück**, das längste im gesamten Übungsbuch, kann bzw. sollte in Etappen übersetzt werden. Eine erst Zäsur ist nach Zeile 8 sinnvoll. Bis dahin wird nur die Situation auf dem Landgut geschildert. Die Kinder vertiefen ihre grammatischen Kenntnisse beim Wechsel zwischen Singular und Plural.

An dieser Stelle können Sie die Übungen 2 und 3 einschieben, in denen dieser Wechsel trainiert wird. Da die Kinder noch nicht alle Vokabeln kennen, müssen die unbekannten Vokabeln angegeben werden. Beide Übungen sind recht anspruchsvoll und sollten zumindest teilweise im Unterricht behandelt werden. Ein Teil kann auch als Hausaufgabe gegeben werden. Wichtig in Übung 3 ist die deutsche Übersetzung, da viele Schüler mit den deutschen (!) Fällen auf Kriegsfuß stehen. Die Übungen 4 und 5 können ebenfalls bereits in dieser Unterrichtsphase behandelt werden. Der **mysteriöse Zahlenzauber** eignet sich gut für Partnerarbeit: Übung 5 kann als Hausaufgabe gegeben werden oder Sie heben sich die Übung als Vorbereitung für eine Klassenarbeit bzw. einen Test auf.

Ab Zeile 8 sollte das Lesestück zwar abschnittsweise, aber durchgängig übersetzt werden. Der Handlungsfaden muss den Kindern ersichtlich bleiben. Dafür ergibt sich immer wieder die Möglichkeit, während der Übersetzung inhaltliche Fragen zu behandeln. Scheuen Sie sich auch nicht, die Kinder Informationen zu Horaz und Octavian während der Übersetzung des Textes einholen zu lassen (ausführliche Angaben finden die Kinder im Register). Die Aufgaben 1 bis 3 der **Textexperten** sind fakultativ, die Charakterisierung des Horaz aber sollte unbedingt vorgenommen werden. Dazu müssen die Kinder auch entsprechend zitieren. Dieser Teil der Aufgabe dient sowohl der Förderung der Text- wie auch der historischen Kompetenz. Auf die Lektüre des Informationstextes sollten Sie noch verzichten. Sie ist erst wirklich sinnvoll nach Abschluss der Übersetzung und Übungen.

Eine Herausforderung für die Schüler ist der **Mäusefraß** in Übung 6. Diese Aufgabe sollte nur im Unterricht behandelt werden, entweder als Partnerarbeit. Achten Sie auf ausgewogenen Paarungen und lassen Sie den Kindern genügend Zeit für die Erarbeitung der Aufgabe, aber geben Sie einen Zeitrahmen vor; je nach Lerntempo der Lerngruppe zwischen 20 und (besser) 30 Minuten.

Wie üblich sollte das **Satzgliederhaus** im Unterricht besprochen und durch Tafelanschrieb oder Folie gesichert werden.

Das **Satzfetzen**-Puzzle macht den Kindern viel Spaß, ist aber nicht einfach. Es setzt genaue Kenntnisse von Satzstrukturen voraus. Als Übung ist das Puzzle fakultativ, hat aber wegen seines Herausforderungscharakters nicht nur einen hilfreichen Lerneffekt, sondern auch einen hohen Unterhaltungswert, mit dem der Unterricht etwas aufgelockert werden kann.

Die **Schwarzen Schafe** eignen sich gut als Hausaufgabe, weil die Kinder – auch die, die sich gerne auf andere verlassen – knobeln müssen. In 1. ist es *dormit*, in 2. *arbor*, in 3. *per*, in 4. *hortus*, in 5. *luna* und in 6. *poetae*.

Die Übungen 10 bis 12 sind fakultativ und können von den Kindern alleine bearbeitet werden. Der deutsch-lateinische Übersetzungstext ist recht anspruchsvoll und eignet sich für die Begabtenförderung, muss allerdings vom Lehrer begleitet werden. Für die Mehrzahl der Schüler ist der Text zu schwer. Ihnen sollte man die lateinische Übersetzung als Übungsmaterial an die Hand geben und als Hausaufgabe oder in Gruppenarbeit übersetzen lassen. Ein anschließender Vergleich zwischen der deutsch-lateinischen Übersetzung und dem vorgegebenen lateinischen Text ist sinnvoll.

Wie bereits empfohlen, sollte der Informationstext erst jetzt gelesen werden. Neben dem individuellen Aspekt in Bezug auf Horaz geht es hier auch um die Diskrepanz zwischen den Kleinbauern, die um ihre Existenz kämpfen müssen, und den Großgrundbesitzern, die genau daraus Kapital schlagen, ein durchaus aktuelles Problem, das in Lektion 25 vertieft und historisch unterfüttert wird. Die Fülle der Aufgaben dient mehr zu Ihrer Anregung. Sie müssen nicht alle bearbeitet werden. Wichtig sind die Aufgaben 1, 3 und 4a.

Zusatzmaterial

Z 1: Die Situation der römischen Landwirtschaft war geradezu grotesk. Die Kleinbauern wurden vertrieben und mussten in Rom irgendwie durchgefüttert werden. Das geschah mit Getreide, das die Großgrundbesitzer an den Staat verkauften. Als Senatoren waren sie aber auch diejenigen, die das Getreide kauften. So wanderte das Geld nur von einer Tasche in die andere. Kein Wunder, dass man kein Interesse daran hatte, irgendetwas an dieser Situation zu ändern.

Z 2: Für einen handlungsorientierten Unterricht: Horaz wird von seiner Sklavin Phrygia mit einem leckeren Essen bewirtet. Vielleicht gab es dazu Mostbrötchen. Solche Mostbrötchen kannst du auch backen. Der ältere Cato hat uns in seiner Abhandlung *De agricultura* über die Landwirtschaft*) das Rezept überliefert. Hier ist es in leicht modernisierter Form:

Mostbrötchen MVSTEA (frei nach Cato)

500 g Mehl
1 Tütchen Backpulver oder Trockenhefe
50 g Schweineschmalz
ca. 300 ml *weißer* Traubensaft (die Brötchen werden sonst grau!)
ca. 50 – 80 g Frischkäse
(es geht auch mit Schafs- oder Ziegenkäse, geriebenem Emmentaler oder geriebenem jungen Gouda)
1 Prise Salz
etwas gemahlener Anis und gemahlener Kümmel
einige fein zerbröselte Lorbeerblätter

Alles zusammen kneten, kleine Bällchen formen, auf ein mit Backpapier ausgelegtes Bachblech legen (Vorsicht, die Brötchen gehen noch auf!) und bei ca. 190 – 200° je nach Größe 25 bis 30 Minuten backen.

Anstelle von Backpapier kann man auch wie Cato Lorbeerblätter benutzen: Je ein Brötchen auf ein Lorbeerblatt setzen und dann wie oben backen.

*Vgl. Cato, *De agricultura* 121: Mustaceos sic facito. Farinae siligneae modium unum musto conspargito. Anesum, cuminum, adipis P. II, casei libram, et de virga lauri deradito, eodem addito, et ubi definxeris, lauri folia subtus addito, cum coques.

Lektion 5

In dieser Lektion lernen die Schüler den Ablativ kennen. Dies kann für Schüler eine spannenden Geschichte werden, zumal Sie schon vorher hinter vorgehaltener Hand erzählen, dass das Lateinische auch einen 5. Fall hat.

Die semantische Vielfalt des Ablativs eröffnet zahlreiche neue sprachliche Varianten. Da die Schüler sich schrittweise mit der Formenlehre vertraut machen, stellt die horizontale Einführung der Ablativformen keine allzu große Herausforderung dar. Schreiben Sie die Ablative aus dem ***Intra*-Text** heraus und tragen Sie die neuen Formen anhand der von Ihnen zu Anfang des Sprachlehrganges gewählten Musterwörter in die Deklinationstabelle ein.

Präpositionale Ausdrücke haben die Kinder durch den Akkusativ schon kennengelernt. Der *Intra*-Text ist so gestaltet, dass die für die Lektion vorgesehenen semantischen Funktionen des Ablativs mindestens zweimal vorkommen. Da das Übersetzen der Ablative problemlos ist, ist es sinnvoll, sie erst nach der Übersetzung zu benennen. Lassen Sie die Kinder ein Schema beispielsweise nach dem Muster auf der folgenden Seite anlegen:

Abl. locativus (loc.) = Ort	*Frage*	Abl. separativus (sep.) = Trennung	*Frage*	Abl. sociativus (soc.) = Begleitung	*Frage*
in mensis	*Wo?*	e villa	*Von wo?*	cum Quinto Horatio	*Mit wem?*
in foro	*Wo?*	ex horto	*Von wo?*	cum servis	*Mit wem?*
				cum imperatore	*Mit wem?*
				cum senatoribus	*Mit wem?*

Geben Sie die Bezeichnung und Funktion des jeweiligen Ablativs vor, aber lassen Sie die Schüler die Fragen nach der semantischen Bedeutung selber herausfinden. Eine gewisse Redundanz ist in dieser Altersgruppe empfehlenswert, denn so lernen sie schneller die Unterschiede (vor allem auch zwischen lokativem und separativem Ablativ). Kinder dieser Altersgruppen brauchen die Wiederholung. Die Regel „e vor Konsonant" und „ex vor Vokal" sollten die Kinder schon jetzt in ihr Begleitheft eintragen und später (Lektion 13) durch „a" und „ab" ergänzen.

Bevor Sie mit dem **Lesestück** beginnen, ist es sinnvoll, mit den Schülern den Grundriss der Caracallathermen anzuschauen. Parallel dazu können Sie bereits an dieser Stelle den Informationstext einschließlich der Aufgaben mit einbeziehen. Das macht Zeichnung und Text anschaulicher und ist eine besondere Form der Textvorerschließung. Die Aufgaben zum Informationstext dienen zur Anregung. Während der Übersetzung können Sie immer wieder Bezug auf den Grundriss nehmen und mit den Kindern den Weg nachzeichnen, den die Protagonisten während der Handlung nehmen.

Die **Textspürnasen** lenken den Blick der Schüler auf die Zeitadverbien. Es ist sinnvoll, daran anschließend weitere Adverbien und – mit Blick auf die im ***Intra*-Text** gewonnenen Erkenntnisse – die präpositionalen Ausdrücke im Ablativ suchen und benennen zu lassen. Bereits im *Intra*-Text ist den Schülern „in" sowohl mit dem Akkusativ als auch mit dem Ablativ begegnet. Für die Systematisierung ist es empfehlenswert, nach der Lektüre des Lesestücks die Schüler den Akkusativ des Ortes als Richtungsangabe auf die Frage „wohin?" vom Ablativ des Ortes als genaue Ortsangabe die Frage „wo?" abgrenzen zu lassen. Unter den §§ 35 bis 37 wird dieser gesamte Bereich der Grammatik einschließlich der Funktion des Ablativs als Satzglied anschaulich erklärt. Spätestens zu diesem Zeitpunkt des Sprachlehrganges ist es ohnehin ratsam, die Schüler an die Begleitgrammatik heranzuführen.

Die Übung 2 **Vorhang auf** ist fakultativ, hat aber gerade bei Schülern der Klasse 5 einen großen Lerneffekt. Kinder spielen gerne Theater. Hier schulen sie dabei gleichzeitig ihre Vokabelkenntnisse. Unverzichtbar sind die Formenübungen 3 bis 5, die sich gleichzeitig sowohl für Hausarbeit wie zur Vorbereitung für Klassenarbeiten eignen. Geübt werden Formenlehre (besonders in 5) und Syntax. Dazu eine Anmerkung: Übungen wie die **Von Stein zu Stein** (Übung 5) sind unendlich wichtig, weil sie die selbstständige Bildung von Formen trainieren. Die Aufgabenstellung ist ideal für Grammatikaufgaben bei Klassenarbeiten.

Die Übungen zur Semantik des Ablativs (Übung 6) und zur adverbialen Bestimmung von Akkusativ und Ablativ (Übung 7) sollten im Unterricht und nicht als Hausarbeit behandelt werden, wobei Aufgabe 4 von Übung 7 für die Binnendifferenzierung geeignet ist, indem man die Zeichnungen zu den Sätzen von Schülern anfertigen lässt, die über ein zeichnerisches Talent verfügen, und deren Darstellungen anschließend als Anschauungsmaterial der Klasse zugänglich macht.

Die Satzgliederhaus-Übung ist wie üblich unbedingt im Unterricht durchzuführen und muss durch Tafelanschrieb oder Folie gesichert und von den Schülern in ihr Heft übertragen werden. Zu diesem Zeitpunkt des Spracherwerbs beginnen die ersten Schüler, die Übersicht zu verlieren. Das gilt es zu verhindern.

Die **Wort-Rosette** macht die Schüler mit dem Mindmap-Verfahren vertraut und sollte nicht entfallen. Die Aufgabe 2 eignet sich sehr gut für die Hausaufgabe.

Die fakultative deutsch-lateinische Übung lässt sich wegen ihres geringen Schwierigkeitsgrades gut im Unterricht gemeinsam mit allen Schülern durchführen. Unter dem Stichwort „Wir basteln uns einen Satz" kann man die Kinder die Sätze an der Tafel oder auf Folie zusammensetzen lassen. Allerdings sollte die fertige Übersetzung erst am Ende von den Schülern abgeschrieben werden. Man kann sie allerdings auch unter dem gleichen Stichwort im Hörverstehen mündlich übersetzen und anschließend selbstständig in Partnerarbeit nacharbeiten lassen.

Zusatzmaterial

Z: Zu Senecas nostalgischen Gefühlen vgl. *Epistulae morales* 86, 8 (12): Immo, si scias, non cotidie lavabatur; nam, ut aiunt, qui priscos mores urbis tradiderunt, brachia et crura cotidie abluebant, quae scilicet sordes opere collegerant, ceterum toti nundinis lavabantur.

Lektion 6

Diese Lektion ist grammatisch wie inhaltlich die Fortsetzung der Lektion 5. Im ***Intra*-Text** werden die Ablativi instrumentalis und modi eingeführt. Die Kinder lernen den Ablativ ohne bzw. ohne notwendige Präposition kennen. Für Schüler stellt das kein Problem dar. Etwas schwer tun sie sich mit dem Unterschied zwischen Instrumentalis und Sociativus. Diesem Problem lässt sich leicht durch deutsche(!) Übungssätze entgegensteuern, bei denen die Kinder entscheiden müssen, welcher Ablativ hier stehen müsste. Natürlich können Sie dies auch auf den Modalis erweitern.

Hier einige Beispielsätze:
- Ich fahre mit dem Fahrrad (Womit? instr.).
- Ich gehe mit meinem Hund spazieren (Mit wem? soc.).
- Ich reite mit meinem Pferd durch den Wald (Womit? Instr. → Sie werden hier bestimmt eine Diskussion mit reitenden Schülern auslösen, die im Pferd natürlich einen Kameraden sehen. Diese Diskussion ist sehr hilfreich, weil die Kinder dann selber den Unterschied zwischen Instrumentalis und Sociativus thematisieren.)
- Ich gehe mit meinem Buch ins Bett (Mit wem? soc.). → Auf diesen Satz fallen viele Schüler herein und sagen Instrumentalis. Fragen Sie die Kinder in dem Falle, ob das Buch als Ersatz eines fehlenden Fußes oder als Trittleiter benutzt wird. Sie haben die Lacher auf Ihrer Seite und die Kinder haben den Unterschied verstanden.

Es bietet sich an, dem ***Intra*-Text** sofort die Übung 3 folgen zu lassen, weil Gelerntes vertieft wird, bevor Sie mit dem Lesestück beginnen. Eine hilfreiche Übersicht über die semantischen Funktionen des Ablativs finden Sie in der Begleitgrammatik unter § 41.

Vor der Lektüre des Lesestückes sollte auf jeden Fall der Informationstext gelesen werden. Eine Zeichnung vom Forum finden Sie unter:
http://www.antikefan.de/Staetten/Italien/rom/forumromanum/forum.html

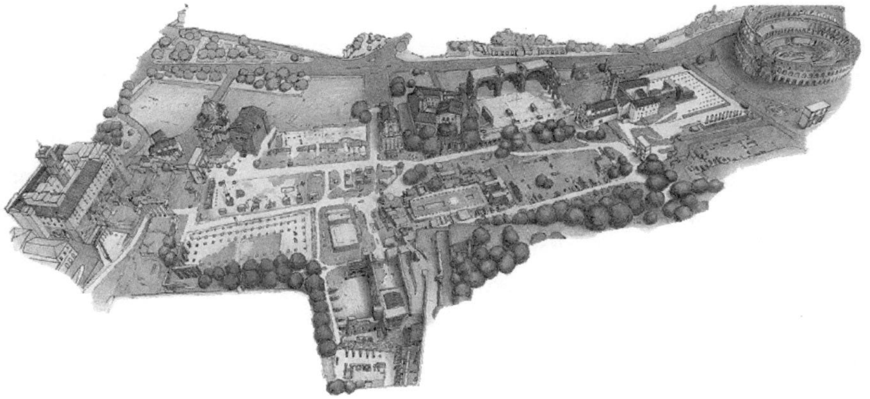

Diese Karte ist überaus hilfreich, um anhand des Textes die einzelnen Stationen des Forum Romanum im Text nachzuvollziehen. Der Blick des Textes entspricht dem des Fotos im Buch, sodass Sie natürlich auch mit dem Foto arbeiten können. Alle Aufgaben zum Text sind fakultativ. Bis auf Aufgabe 3 sind alle handlungsorientiert.

Lesen Sie anschließend den Text erst nur auf Latein und beschränken Sie sich bei der Textvorerschließung auf die **Textspürnasen.** Lassen Sie die Kinder hinterher spekulieren, worum es in der Geschichte geht. Erst dann sollten Sie – möglichst in einer Unterrichtsstunde – den Text übersetzen. Da das Ende der Geschichte offen ist, sollte zumindest Aufgabe 2 von Übung 2 im Unterricht behandelt werden. Aufgabe 1 von Übung 2 ist fakultativ und kann auch im Unterrichtsgespräch bearbeitet werden.

Unverzichtbar hingegen ist wieder das **Steinchenspringen.** Wie gewohnt, eignet es sich hervorragend als Hausaufgabe. Die **fehlerhafte Schreibtafel** ist eine gute Übung als Vorbereitung einer Klassenarbeit. Übung 6 können Sie in Partnerarbeit erarbeiten lassen. Die Satzgliederhausübung ist wieder unbedingt im Unterricht durchzuführen und sollte durch Tafelanschrieb oder Folie gesichert werden. Übung 8 kann als Hausaufgabe oder als Übung für eine Klassenarbeit eingesetzt werden.

Die **Schwarzen Schafe** schärfen den Blick für die Unterscheidung von Konjugationen – Deklinationen – Substantiven – Adverbien – Adjektiven. Sie sind im Unterricht und als Hausaufgabe gleichermaßen einsetzbar.

Das **versteckte Latein** kann man wieder gut durch einzelne Schüler klären lassen, die so auch selbstständig mit Lexikon und Internet umzugehen lernen. Gleichzeitig üben sie den freien Vortrag vor der Klasse.

Eine wichtige Übung ist der **Dolmetscher.** Er sollte im Unterricht auf jeden Fall besprochen werden, denn er veranschaulicht die aus der römischen Geschichte resultierenden Sprachfamilien und Sprachgrenzen. Die Schüler üben durch die Rückschlüsse auf die romanischen Sprachen gleichzeitig ihre Vokabelkenntnisse. Hier die Übersetzungen der einzelnen Wörter:

Portugiesisch: antes = damals (ante), früher; asno = Esel (asinus); Spanisch: soberbia = Anmaßung (superbia); verga = Rute (virga) ; vestido = Kleid (vestimentum, vestitus); Französisch: vendre = verkaufen (vendere); un = einer (unus); lentement = langsam (lente); Italienisch: merce = Gewinn (merx); voce = Stimme (vox); stare = stehen (stare); Rumänisch: agricultor = Landwirtschaft (agricola); coleg = Kollege (collega)

Für die deutsch-lateinische Übersetzung empfiehlt sich wieder die Arbeit mit dem Wortstock. Der Text ist vom Schwierigkeitsgrad so, dass Sie ihn mit den Schülern während des Unterrichts an der Tafel erarbeiten können. Bei vorgegebenem Wortstock können die Schüler den Text auch in Gruppenarbeit ohne Schwierigkeiten gemeinsam übersetzen.

Lektion 7

Lektion 7 ist inhaltlich die „Antwort" auf Lektion 2. Es geht um das Saturnalienfest, das es den Sklaven erlaubt, sich einmal von ihren Herrschaften bedienen zu lassen. In unserem Lektionstext „rächen" sie sich auf ihre Weise und schicken die Herrschaften durch die dunkle Subura. Eingeführt werden die 1. und 2. Person des Verbs einschließlich der entsprechenden Personalpronomina im Nominativ und Akkusativ. Dazu kommen die Imperative und das Präsens von *esse* und *prodesse*. Das bedeutet für die Kinder etliche neue Formen und Grammatik. Der Einsatz der Begleitgrammatik ist daher unverzichtbar.

Einen ***Intra*-Text** gibt es diesmal nicht. Dafür ist der **Lektionstext** so gestaltet, dass die Kinder die neuen Formen intensiv üben können. Sie sollten freilich nicht ohne Textvorerschließung arbeiten. Erweitern Sie daher gegebenenfalls die Aufgabenstellung der **Textspürnasen** um das Benennen der neuen Verbformen. Wenn die Kinder die Namen herausgefunden haben, wissen sie auch schon, wer gegen wen steht. Auf der einen Seite Aulus, Antonia, Lucius und Lucilla = Herrschaften, auf der anderen Phrygia, Britannicus und Germanicus = Sklaven. Sie können die Personen auf der Tafel einander gegenüber stellen. Damit wird deutlich, dass es um einen Dialog (und einen Konflikt?) geht. Im Dialog benötigt man die 1. und 2. Person Singular und Plural. Dann geht es los.

Obwohl das Lesestück recht anspruchsvoll und in einer Unterrichtsstunde nicht zu übersetzen ist, kommen die Schüler nach meiner Erfahrung trotzdem insgesamt gut zurecht. Die Geschichte ist spannend und hinterlässt bei den Schülern inhaltliche Fragezeichen. Erzählen Sie den Kindern aus diesem Grund vorher überhaupt nichts über die Saturnalien. Machen Sie hinter Teil 1 eine Zäsur und schieben Sie eine Grammatikphase ein, in der Sie die neuen Formen systematisieren (und gegebenenfalls schon durch die Begleitgrammatik vervollständigen). Dann sollten Sie den Inhalt des 1. Teils besprechen und anschließend mit den Kindern zu Ende übersetzen – möglichst in einer eigenen Unterrichtsstunde, damit der Gesamtduktus erkennbar bleibt und Sie mit den Kindern über den Inhalt des gesamten Textes anhand der **Textexperten** sprechen können.

Achten Sie darauf, dass die Kinder lateinisch zitieren. Dabei fällt ihnen sicher die Anapher von *hodie* auf, ein Stilmittel, das man zumindest in der Klasse 6 bereits benennen kann.

Nach der Übersetzung des Lesestückes sollten die Saturnalien thematisiert werden. Sie finden unter Z 1 einen Informationstext, der Ihnen mühevolles Nachschlagen erspart und der auch als Grundlage für einen Schülervortrag (nur für Schüler der Klasse 6) geeignet ist.

Die Übungen 3 bis 5 trainieren die Formenlehre. Der **Wortzerleger** soll den Kindern die Regeln der Formenbildung in den verschiedenen Konjugationsklassen transparenter machen und gehört in jedem Fall in den Unterricht. Parallel dazu sollten die Kinder im Rahmen eines Transfers die Konjugationstabellen in ihren Grammatikmappen vervollständigen. Die **Nervensäge** (Übung 4) bietet sich für eine Hausaufgabe ebenso an wie die Formenwippe.

Damit die Schüler die Deklination nicht aus den Augen verlieren, ist es sinnvoll, die **Schreibtafel** (Übung 6) zumindest als Hausaufgabe erarbeiten zu lassen. Die Übung 7 bedarf der Vorarbeit. Die Personalpronomina sollten zumindest in Klasse 5 lateinisch und deutsch (!) besprochen worden sein. Hier gibt es große Unsicherheiten. Die Übung selber eignet sich sowohl für Partnerarbeit als auch für die Hausaufgabe. Diese Übung kann übrigens auch unmittelbar nach der Besprechung des Lesestückes bearbeitet werden. Die besondere Funktion des Personalpronomens ist ja im Lesestück deutlich erkennbar und wird durch diese Übung noch einmal eigens thematisiert.

Die **Schwarzen Schafe** haben es diesmal in sich. Lassen Sie die Kinder im Unterricht knobeln. Da die Schüler aller Wahrscheinlichkeit nach eine Hilfestellung benötigen, sollte diese Übung nicht (!) zu Hause bearbeitet werden. Der Frust wäre für einige Schüler etwas groß.

LEFIS eignet sich diesmal sehr gut für die Hausarbeit. Die **Zaubersprüche** dagegen sind verzichtbar, aber sie sind eine Riesengaudi, wenn die Schüler sie spielen dürfen, zumal dann, wenn Sie die Rolle des Magister Theophilus spielen und sich ein Schüler freiwillig zum *donkey* bestimmen lässt.

Der recht anspruchsvolle deutsch-lateinische Text sollte nur von Schülern in Gruppenarbeit übersetzt werden, die relativ sicher in Syntax und Formenlehre sind. Den anderen sollte er auf Lateinisch vorliegen. Um es ihnen aber nicht zu leicht zu machen, ist hier zu einer Hörverstehensübung zu raten.

Der **Informationstext** behandelt eine schon für die Römer sehr komplizierte Thematik. Man kann ihn nur abschnittweise lesen und besprechen. Die Behandlung der Aufgaben sollte während der abschnittsweisen Lektüre erfolgen. Die Aufgabe 6 ist nur für ganz „Hartgesottene“, also für Schüler, die gern tüfteln.

Man muss ihnen allerdings zusätzlich eine Kalendertabelle (in Grammatiken und im Internet z.B. bei Wikipedia und bei http://www.dieroemer-online.de/ (dabei weiterklicken auf „Kalender & Tageszeiten“) an die Hand geben. Sicherlich finden sich vor allem in der Jahrgangsstufe 6 Schüler, die sich dieser Herausforderung stellen und stolz das Ergebnis verkünden. Damit man sich als Lehrer anschließend nicht blamiert, sollten Sie vorher zur Kontrolle Ihr eigenes Geburtsdatum heraussuchen (schwierig genug!). Natürlich können Sie diese Aufgabe auch weglassen.

Zur Vertiefung der Gesamtthematik habe ich Ihnen unter Z2 noch zusätzliches Material angehängt.

Zusatzmaterial

Z 1: Io Saturnalia!

Kein Fest war so volkstümlich und bei jedermann gleichermaßen beliebt wie das Fest der Saturnalien zu Ehren des Gottes Saturn. Ursprünglich waren die Saturnalien ein Bauernfest, mit dem die Winteraussaat gefeiert wurde. Das Fest dauerte vom 17. bis 23. Dezember, wurde aber in der späteren Kaiserzeit bis zum 30. Dezember ausgedehnt. Es begann mit einem *sacrificium publicum* (Staatsopfer) und einem großen öffentlichen Festmahl (*lectisternium* = Götterbewirtung) vor dem Saturntempel auf dem Forum Romanum. Die Arbeit ruhte für Freie und zumindest für eine relativ große Zahl von Sklaven. Selbst die Kinder hatten schulfrei, an sonstigen Feiertagen beileibe keine Selbstverständlichkeit.

In Erinnerung an das Goldene Saturnzeitalter waren für die Dauer der Saturnalien die Standesunterschiede zwischen Freien und Unfreien aufgehoben. Vielerorts bedienten die Herren sogar ihre Sklaven. Man beschenkte sich gegenseitig mit Kerzen (*cerei*), Myrtenkränzen oder kleinen Tonfigürchen (*sigillaria*), später auch mit Kuchen, kostbaren Lebensmitteln wie Gewürzen oder Fleisch bzw. Fisch, Obst, Haushaltsartikeln, Kleidung, Büchern, Parfum etc. Außerdem wählte man für die Dauer der Feiertage einen *Saturnalicus princeps* (Saturnalienfürst), oft auch *rex bibendi* (Trinkkönig) genannt. Diese Tradition lebt übrigens in der Wahl des Karnevalsprinzen weiter. Essen, Trinken und das sonst verbotene Würfeln um Geld waren neben Gesprächen und Rätselraten in geselliger Runde die Lieblingsbeschäftigungen an den „tollen Tagen".

Im Laufe der Zeit vermischte sich das Fest der Saturnalien mit anderen Kulten. So wurde es beispielsweise in der Hauptstadt der Provinz Niedergermaniens, der *Colonia Claudia Ara Agrippinsenium* (heute die Stadt Köln), üblich, während der Saturnalien einen bunten Umzug mit Kostümen zu Ehren der Isis und der germanischen Fruchtbarkeitsgöttin Nerthus durchzuführen. Dabei wurde auch ein bunt geschmückter Schiffskarren mitgeführt. Mit der Einführung des Christentums als Staatsreligion 380 n. Chr. vermischten sich heidnische und christliche Elemente, bis schließlich das Weihnachtsfest an die Stelle der Saturnalien trat und das fröhliche Karnevalstreiben auf das Ende des Winters und den Beginn der Passionszeit verschoben wurde.

Quellen: Age, libertate decembri utere! Los, genieße die Freizügigkeit des Dezembers (Horaz, sat. 2, 7, 5[0]). – Non semper Saturnalia erunt! Die Saturnalien werden nicht ewig dauern! (Seneca, apocolocyntosis 12, 2)

Z 2: Dazu Horaz Satiren 2.7: Endlich! Der 17. Dezember ist da und mit ihm die Saturnalien. Schon lange fiebert Davus diesem Tag entgegen. Endlich kann er seinem Herrn, dem Dichter Horaz, sagen, was ihn schon seit längerer Zeit bewegt. Davus ist ein Sklave. Gewöhnlich darf er nur reden, wenn man es ihm ausdrücklich erlaubt. Doch heute ist alles anders. Heute haben alle Sklaven das Recht, sich den Ärger eines Jahres von der Seele zu reden. Horaz ermuntert Davus zu freimütiger Rede – ja, und dann legt Davus los. Er hält seinem Herrn eine Gardinenpredigt, die sich gewaschen hat. Nicht dass er ihm ungerechte Behandlung vorwirft …

Weit gefehlt! Nein, Davus nennt Horaz einen Sklaven seiner Begierde, der weniger frei sei als er, Davus. Schließlich reißt Horaz der Geduldsfaden und er stellt Davus eine wenig attraktive „Stelle" als Landsklave auf dem Sabiner Landgut in Aussicht. Mit der Redefreiheit ist es denn doch nicht so weit her. Diese von Horaz mit sehr viel Selbstironie überlieferte kleine Geschichte veranschaulicht in netter Weise die Bedeutung der Saturnalien im römischen Festkalender.

Z 3: An den Nonen des *Quintilis* (*quintus* = der fünfte) a. 710 erlebt Cicero einen Schock. Der *Quintilis* heißt jetzt nach Gaius Iulius Caesar „Iulii = Juli". Cic. ad. att. 16, 1: Nonis Quinctilibus veni in Puteolanum. postridie iens ad Brutum in Nesidem haec scripsi. sed eo die quo veneram cenanti Eros tuas litteras. itane? NONIS IVLIIS? di hercule istis! sed stomachari totum diem licet. quicquamne turpius quam Bruto IVLIIS?

Ciceros Empörung hat einen tragischen Hintergrund. Am 15. März 44 v. Chr., nach römischer Rechnung das Jahr 710 seit Gründung der Stadt, war ja Cäsar ermordet worden. Die Mörder glaubten, dass mit dem Tode Cäsars die alte Staatsordnung wiederhergestellt sei. Doch kaum drei Monate später schien dieser Grund vergessen. Stattdessen ehrte man Cäsar mit der Umbenennung des *Quintilis*, den Monat seines Geburtstags (13. Juli 100 v. Chr.).

Dafür gab es einen wichtigen Grund. Cäsar hatte sich in seinem Amt als *pontifex maximus* (oberster Priester) um den römischen Kalender verdient gemacht. Dieser wurde eigentlich nur von Priestern wie ihm verstanden. Sie beobachteten den Himmel und riefen bei Neumond den Anfang des neuen Monats mit den *Kalenden* (*calare*: ausrufen) aus. An diesem Tag mussten alle Schulden bezahlt werden. Im Volksmund nannte man sie daher auch *tristes* = Trauertage (*tristis*: traurig) oder *celeres* = die Tage, die (zu) schnell kommen (*celer*: schnell). Weil die Umdrehung der Erde um die Sonne und die Umdrehung des Mondes um die Erde unterschiedlich verlaufen, waren Verschiebungen im Jahresrhythmus unausweichlich. Der Kalender musste durch das regelmäßige Einfügen von Schaltmonaten immer wieder in die Reihe gebracht werden. Andernfalls hätte der Jahresbeginn plötzlich im Sommer oder Herbst stattgefunden. Cäsar setzte sich daher mit dem ägyptischen Mathematiker Sosigenes zusammen und reformierte den Kalender. Hatte das römische Kalenderjahr bis dahin 355 Tage, so verlängerte Cäsar es nun auf 365 ¼. Zum Ausgleich ließ er 46 v. Chr. 90 (!) Schalttage einschieben, sodass dieses Jahr 445 Tage dauerte.

Es gab eine Vielzahl von Feiertagen (*feriae*: Ruhetage), die auf öffentlichen Kalendern vermerkt waren. An solchen Festtagen gab es oft großzügige Lebensmittelspenden für die arme Stadtbevölkerung. Man teilte die Tage in *dies fasti* (erlaubte Tage) = F, *dies nefasti* (nicht erlaubte Tage) = N, *dies comitiales* (Tage, an denen Volksversammlungen abgehalten werden dürfen) = CC und *dies endotercisi* = EN (zerschnittene oder Halbwerktage) ein. An den *nefasti* ruhten öffentliche Tätigkeiten wie Gerichts – oder Senatsverhandlungen. Es war allerdings freigestellt, ob man arbeiten wollte oder nicht. Die Kinder hatten an den *feriae* meistens nicht schulfrei.

Wichtige Feste waren das Opfer für die neu gewählten Konsuln am 1. Januar, dann die *parentalia* (*parentes:* Eltern, Vorfahren) zu Ehren der Verstorbenen vom 13. bis 24. Februar, schließlich das Fest der Vesta vom 9 bis 15. Juni, an dem verheirateten Frauen der Zutritt zu dem ansonsten verschlossenen Tempelbezirk gewährt wurde. Vom 17. bis 19. September gab es die *ludi Romani* (römische Spiele) mit Gladiatorenkämpfen zu Ehren Juppiters.

Lektion 8

Diese Lektion dient zur Vertiefung der in Lektion 7 gelernten Formenlehre. Darüber hinaus lernen die Schüler die Neutra der konsonantischen Mischdeklination, die Formen von *posse*, die semantische Funktion des Ablativs als ablativus temporis und den Akkusativ des Ausrufs kennen. Auch hier wurde auf einen ***Intra*-Text** verzichtet, da der neue grammatische Stoff problemlos über die Lektüre des Lesestückes erfolgen kann. Der Einsatz der Begleitgrammatik ist sinnvoll, aber nicht zwingend.

Die Übungen 1 und 2 haben fakultativen Charakter; nicht zuletzt durch das Bild aus Pompeji ist die im Lesestück geschilderte Häuserszene selbsterklärend.

Die Formenübungen 3 bis 6 hingegen sind unverzichtbar, können aber teils als Still- oder Partnerarbeit, teils als Hausaufgabe gegeben werden. Die Redundanz dieser Übungen bewirkt, dass die Kinder auch ohne ihre grammatischen Tabellen sicher in den Formen werden. Erlauben Sie aber dennoch angesichts der Fülle neuer Formen, dass die Kinder ihre Begleitgrammatiken benutzen.

Die semantischen Funktionen des Ablativs werden in Übung 7 geübt. Diese Übung wie auch die Übung 9 und 11 können die Kinder gut selbstständig als Hausaufgabe oder in Still- bzw. Partnerarbeit bearbeiten im

Unterschied zum Satzgliederhaus, das nach wie vor im Unterricht zu behandeln ist.

Der deutsch-lateinische Übersetzungstext eignet sich für die Arbeit im Plenum, wahlweise mit Wortstock oder als abschnittsweises Hörverstehen.

Das Lesestück ist geradezu ideal für den handlungsorientierten Unterricht. Der Text ist dialogisch gehalten und lässt sich gut mit Schülern spielen, vor allem, wenn Sie noch eine laute Schulklasse, ächzende Sklaven, einen Bauer mit Vieh und die lärmenden Gäste auftreten lassen. Für eine kleine Präsentation am Tag der offenen Tür, am Schulfest oder an einem Elternabend kann man ihn sehr gut einsetzen. Dazu serviert man römisches Essen (vgl. dazu z.B. die Rezepte im Anhang und in Lektion 4). Ein Kurzreferat über die Subura, eine kleine Einführung in die römische Kochkunst und das Verlesen des *testamentum porcelli* (lateinisch-deutsch unter: http://www.uni-leipzig.de/~geschalt/pag/schwein.html) – das könnte eine solche Präsentation abrunden.

Zusatzmaterial

Z 1: *Mulsum*

Auf eine Flasche weißen Traubensaft gibt man 1 bis 2 Esslöffel Honig, den man vorher zusammen mit etwas Fenchelsamen, Anis und gemahlenem Kümmel, wahlweise mit grob gemahlenem schwarzem Pfeffer, kurz erhitzt hast. Damit sich die Gewürze nach unten absetzen – und für den besseren Geschmack – sollte die Mischung einen Tag im Kühlschrank stehen.

Z 2: *Liquamen*

Liquamen kann man selbst herstellen. Hier die Variante des etwas abgemilderten *oenogarum.* Es geht ganz schnell und schmeckt als Gewürz wirklich gut: Nimm 4 bis 5 Sardellen (oder Sardellenpaste), etwas weißen Traubensaft und getrocknetes Oregano, koche das Ganze einige Minuten auf hoher Flamme zu einer dickflüssigen Masse und rühre die Sauce anschließend durch ein Haarsieb.

Z 3: *Numidisches Huhn (für 4 bis 6 Personen)*

Koche das Huhn in einem Sud aus Wasser mit Salz, 2 Lorbeerblättern, einer Möhre, einer Lauchstange und Pfefferkörnern. Wenn das Huhn gar ist, lass es abtropfen und abkühlen. Ziehe die Haut ab und schneide aus dem Hühnerfleisch mundgerechte Stücke. Brate das Hühnerfleisch in Öl kurz an. Würze es mit etwas gemahlenem schwarzen Pfeffer, gemahlenem Kümmel und gemahlenem Koriander. Füge einige geschnittene Datteln, ca. 50 g Pinienkerne, etwas Hühnerbrühe, 1 bis 2 Esslöffel Essig, Honig (je nach Geschmack 1 bis 2 Teelöffel) und Liquamen (oder Sardellenpaste bzw. Salz) hinzu und schmecke ab. Lass das Huhn ca. 10 Minuten in der Sauce ziehen. Wenn Flüssigkeit fehlt, gieße noch etwas von der Hühnerbrühe hinein. Vor dem Servieren koche die Sauce kurz auf, binde sie mit Stärkemehl und streue etwas Pfeffer darüber.

Zu diesem Gericht passen die *mustea* aus Lektion 4 hervorragend.

Lektion 9

Der aci steht an. Dass ein Akkusativobjekt zur satzwertigen Konstruktion werden kann, ist vom deutschen Sprachgebrauch her für Schüler zunächst schwer verständlich, es sei denn, sie haben den aci bereits im Englischunterricht kennengelernt. Im ***Intra*-Text** wird der aci progressiv eingeführt. Bis zum vorletzten Satz können die Schüler ihn wörtlich übersetzen, erst im letzten Satz müssen sie auf die deutsche Ersatzkonstruktion mit „dass" zurückgreifen.

Zu diesem *Intra*-Text gibt es eine eigene Aufgabenstellung. Die Kinder sollen alle Kopfverben, die einen aci einleiten, herausschreiben (diese Liste können Sie nach der Lektüre des Lesestückes weiterführen). Hilfreich ist es, den Kindern über die vier Grammatikfarben die Konstruktion visuell transparent zu machen. Kopfprädikat und Subjekt erhalten die Farben blau (S) und rot (P). Der aci wird mit einem grünen Kasten als Akkusativobjekt kenntlich gemacht. Innerhalb des Kastens ist der Subjektsakkusativ blau und der Prädikatsinfinitiv rot. Der in dieser Lektion unverzichtbare Einsatz der Begleitgrammatik ist wegen der gewählten Beispielsätze erst nach der Lektüre des Lesestückes sinnvoll. Besonders hinzuweisen ist auf den Übersetzungstipp auf S. 57, der den Schülern schrittweise die Konstruktion des aci zugänglich macht.

Unmittelbar an die Behandlung des *Intra*-Textes kann man die Erarbeitung der Übungen 4 und 5 anschließen. Es werden fast ausschließlich bekannte Vokabeln zum Üben benutzt – auch die Vokabel *gladiatores* dürfte kein Problem sein – und die Schüler können sich ganz auf die neue Syntax konzentrieren.

Das Lesestück lässt sich in einer Stunde nicht übersetzen. Es gibt zwei Möglichkeiten für eine inhaltliche Zäsur, hinter Z. 15 und hinter Z. 24. Für die inhaltliche Besprechung von Z. 25 bis 31 sollte ausreichend Zeit zur Verfügung stehen. Es ist daher auch sinnvoll, sich zunächst auf die **Textexpertenfragen** 1 bis 4 zu beschränken. Man kann sogar vor diesen Zeilen die Lektüre des weithin selbsterklärenden Informationstextes einschieben. Die letzte Aufgabe dazu leitet nämlich durchaus zum letzten Abschnitt des Lesestückes über, weil es hier um grundsätzliche Fragen zum Gladiatorenkampf geht. Diese Aufgaben regen zur kritischen Analyse an, konfrontieren die Kinder aber auch mit modernen Formen des Gladiatorenkampfes bis hin zum Computerspiel. Zur weiteren Information finden Sie unter Z noch Zusatzmaterial.

Zur Systematisierung der Syntax ist es notwendig, die Schüler auch alle Kopfverben des Lesestückes herausschreiben zu lassen (und damit die Liste des ***Intra*-Textes** zu vervollständigen). Eine erste Regel, wonach der aci nach Verben des Sehens, Hörens, Wissens und Sich-Freuens steht, können die Schüler dann selber aufstellen. Die Bearbeitung der **Satzgliederhaus**-Übung 6 nach gewohnter Methode könnte bereits unmittelbar nach der im *Intra*-Text praktizierten farblichen Visualisierung der Sätze mit den Schülern vorgenommen werden.

Eine in ihrer Redundanz gute Übung für potenzielle Klassenarbeiten und eine sehr geeignete Hausaufgabe ist Übung 7, in der die Umformung zweier Aussagesätze in aci-Konstruktionen geübt wird. Vorher sollten der Beispielsatz und Satz a im Unterricht besprochen werden. Man läuft sonst Gefahr, dass unsichere Schüler frustriert aufgeben.

Verstecktes Latein und **Vokabelhappen** lassen sich zur Entspannung gut in den Unterricht einbinden. Der fakultative deutsch-lateinische Übersetzungstext sollte wieder nur für die Begabtenförderung genutzt werden. Lassen Sie Schüler, die gerne (und auch erfolgreich) deutsch-lateinisch übersetzen, ausgestattet mit ihrer Begleitgrammatik und ohne Zeitdruck, aber natürlich mit Zeitrahmen und möglichst in einem eigenen Raum, den Text übersetzen. Anschließend sollten Sie auch eine individuelle Korrektur in der Gruppe vornehmen. Die anderen Schüler übersetzen den Text in lateinischer Fassung zu Übungszwecken als Stillarbeit oder im Hörverstehen.

Zusatzmaterial

Z: Für uns ist es heute verwunderlich, dass freie römische Bürger bereit waren, ihre Bürgerrechte und damit ihre Freiheit aufzugeben und sich den Bedingungen einer Gladiatorenschule zu unterwerfen. Durch die Ausgrabungen in Pompeji und durch zeitgenössische Berichte wissen wir, dass die Trainingsbedingungen für Gladiatoren oft so hart waren, dass es immer wieder zu Selbstmorden kam. Für viele Menschen aus ärmlichen Verhältnissen bedeutete der Beruf des Gladiators dennoch durchaus eine Verbesserung. Ein Gladiator bekam gutes Essen, wurde medizinisch bestens betreut, konnte berühmt – gerade unter den Frauen gab es viele Fans – und so reich werden, dass er sich freikaufen und ein gutes Leben führen konnte. So hat man in Pompeji auch Fan-Graffiti gefunden, die auf große Popularität der betreffenden Gladiatoren schließen lassen. Zwar war die Zahl derjenigen, die Karriere machten, vergleichsweise gering, aber wohl noch groß genug, um das eigene Leben im Sand der Arena aufs Spiel zu setzen.

Lektion 10

In Lektion 10 lernen die Schüler den Genitiv kennen. Die Schüler sollen nach der Bearbeitung des ***Intra*-Textes** alle Genitive herausschreiben und den entsprechenden Nominativ dazu bilden. Sinnvoll ist es, sie die Deklinationstabellen in ihren Grammatikmappen vervollständigen zu lassen.

Das dialogisch geführte **Lesestück** lässt sich flüssig übersetzen und sollte am Stück bearbeitet werden. Es lässt sich gut nachspielen und sollte bei einem potenziellen Spiel auch auswendig gelernt werden. Die szenische Darstellung dieses Lesetextes ist eine gute Gelegenheit, weniger gute, dafür spielfreudige Schüler einzubeziehen.

Die **Textexperten** fordern zur inhaltlichen Auseinandersetzung heraus und bieten Anregungen für einen handlungsorientierten Unterricht. Sie sind somit fakultativ und können zugunsten der Grammatik wegfallen. Das Lesestück wird ohnehin einige Diskussionen auslösen, die man auch im Unterricht zulassen sollte.

Der **Mäusefraß** ist eine gute Übung für Partner- oder Hausarbeit. Im Unterricht sollte man sie aus Rücksicht auf das unterschiedliche Lerntempo der Schüler nicht bearbeiten lassen. Gleiches gilt für die Übung 3, die man auch für die Vorbereitung einer Klassenarbeit aufsparen kann. Die **Schwarzen Schafe** bieten sich für eine Entspannungsphase während des Unterrichts an. Die Übung 5, in der Genitivus subiectivus und obiectivus geübt werden, eignet sich sehr gut als Hausaufgabe. Dank der Zeichnung dürfte die Unterscheidung zwischen beiden Genitiven nicht allzu schwierig sein. Sie muss aber im Unterricht besprochen und zumindest einmal ausprobiert worden sein. Lassen Sie die Schüler ein Beispiel aus den Unterpunkten auswählen oder selber ausdenken, das beide

Möglichkeiten zulässt, und lassen Sie dieses zur Visualisierung in der Grammatikmappe zeichnen.

Empfehlenswert ist es, eine knappe Grammatikregel hinzuzufügen, die nicht nur den Unterschied zwischen gen. sub. und gen. obi. definiert, sondern auch erklärt, dass sich dieser Unterschied in der Regel nur aus dem Textzusammenhang erschließen lässt. Viele Schüler sind nämlich anfangs etwas verwirrt.

Für den semantischen Gebrauch des Genitivs als possessivus gibt es eine Eselsbrücke in Form der vielleicht etwas altmodischen, aber durchaus noch gebräuchlichen Formulierung: „Das ist nicht meines Amtes."

Es empfiehlt sich, die Genitivübungen mit dem Sprachvergleich in Übung 8 abzuschließen. Die Übungen 7 und 9 sind fakultativ, werden aber nach einer anstrengenden Übungs- oder Stillarbeitsphase von den Schülern als entspannend empfunden.

Die **Satzgliederhaus**-Übung 6 ist sehr anspruchsvoll und muss wie üblich im Unterricht behandelt werden. Hilfreich ist es, zumindest die Beispielsätze a und b mit Farben an der Tafel oder auf der Folie zu analysieren. Folgendermaßen könnte man dabei vorgehen (die Farbigkeit kann aus drucktechnischen Gründen leider nicht wiedergegeben werden):

Satz a) *Urbem ... esse* grün eingekästelt (AO = aci); im aci *urbem Romam* blau (SA); *caput urbis terrarum* blau (PN) mit Pfeil zum SA und rot (mit Pfeil zu K); *esse* rot (K), zusammen PI. / *scimus* rot (P) / *-mus* blau (S)

SA	PI		
	PN	K	
Urbem Romam	*caput orbis terrarum*	*esse*	*scimus.*

AO ⇨ aci

Satz b) *Equitare* blau (SI); *amicum nostrum* grün (AO); *fortasse* und *nimis* gelb (Adv.); *fatigat* rot (P) / -t blau (S).

SI	AO	Adv.	Adv.	
Equitare	*amicum nostrum*	*fortasse*	*nimis*	*fatigat.*

Sofern Sie ins Lateinische übersetzen lassen, sollten Sie den deutsch-lateinischen Text mit der ganzen Klasse gemeinsam an der Tafel erarbeiten. Der aktive Umgang mit den unterschiedlichen semantischen Funktionen des Genitivs, die in diesem Text geübt werden, verhilft den Schülern zu mehr Sicherheit im Umgang mit dem Genitiv. Sollten Sie auf die Übersetzung verzichten, ist es sinnvoll, die Genitive aus dem Text herauszugreifen oder den Schülern die lateinische Fassung vorzulegen.

Der **Informationstext** kann am Ende der Lektion gelesen und besprochen werden. Der Text ist selbsterklärend und lässt sich von den Schülern eigenständig bearbeiten. Die Aufgabe 4 eignet sich für eine kleine Projektarbeit. Da Mädchen heute in beinahe allen Sportarten vertreten sind, ist es für sie und ihre Mitschüler gar nicht so leicht, diese Aufgabe zu lösen. Man kann also eine kleine Geschichte des Sports betreiben. Lassen Sie interessierte Schüler(innen) ein kurzes Referat vorbereiten, das hinterher im Unterricht diskutiert wird.

Zusatzmaterial

Z 1: Sonnenbaden wurde in der Antike wohl etwas belächelt, vgl. Sen. *De brevitate* XIII, 1: Persequi singulos longum est quorum aut latrunculi aut pila aut **excoquendi in sole corporis** cura consumpsere uitam.
Zum Sport im Marsfeld vgl. Horaz, *Oden* I, 8 und Ovid, *Ars amatoria* 3, 385ff.

Z 2: In allen öffentlichen Thermen gab es Gymnastikräume. Hier trainierte man mit Hanteln, betrieb Hoch- und Weitsprung und spielte Reifen und Ball, vor allem das beliebte Trigon. In den brusttiefen *piscinae* konnte man auch schwimmen – vielleicht sogar Männer und Frauen gemeinsam? Dann aber mit Badekleidung! Darauf lässt ein äußerst boshaftes Epigramm von Martial schließen (Martial 3. 87):

Narrat te rumor, Chione, numquam esse fututam
atque nihil cunno purius esse tuo.
Tecta tamen non hac, qua debes, parte lavaris:
si pudor est, transfer subligar (=Slip) in faciem.

Z 3: Spielregel für Dreierball – Trigon**:** Man benötigt für dieses Spiel drei kleine Bälle (ideal sind Tennisbälle). Die Spieler stellen sich in einem Dreieck auf und werfen sich die drei Bälle gleichzeitig gegenseitig zu. Das Spiel muss sehr schnell gespielt werden. Jeder Spieler hat fünf Leben. Wenn ein Spieler einen Ball fallen lässt, wird ihm eines seiner fünf Leben abgezogen. Die Runde ist zu Ende, wenn ein Spieler keine Leben mehr hat. Sinnvoll ist es, mit Schiedsrichter zu spielen. Trigon wird dann zu viert gespielt. Der Schiedsrichter gibt das Kommando zum Start und zählt die Punkte. Hat einer der drei Spieler seine Leben verloren, übernimmt er die Aufgabe des Schiedsrichters, der andere geht für ihn ins Spiel. Trigon lässt sich gut auf Zeit spielen. Gewonnen hat, wer am Ende der vorgegebenen Zeit die wenigsten Leben verloren hat.

Lektion 11

Diese Lektion schließt die Einführung der lateinischen Fälle ab und stellt noch einmal recht hohe Anforderungen an die Schüler, weil der Dativ nicht nur als Form und als Objekt, sondern auch in den semantischen Funktionen als possessivus und als commodi eingeführt wird. Hinzu kommen die Personal – und Reflexivpronomina, einschließlich der besonderen Funktion des Reflexivpronomens bei innerer Abhängigkeit im aci. Der Einsatz der Begleitgrammatik ist unverzichtbar.

Thematisch geht es um Ehe und Familie, allerdings in einer kindgemäßen Gestaltung, die auf eine Darstellung des komplizierten Eherechts der Römer verzichtet und stattdessen versucht, einige Vorurteile bezüglich der Vorstellung vom Leben der Frauen abzubauen. Da diese Thematik sehr vielschichtig ist, wird sie in *Intra* II noch ausführlicher aufgearbeitet.

Im ***Intra*-Text**, Teil 1, lernen die Schüler den Dativ nur als Objekt kennen. Hier geht es allein um die Einführung der Formen. In Teil 2 werden sie an die besondere Funktion des Reflexivpronomens zum Ausdruck der inneren Abhängigkeit induktiv herangeführt. Diese innere Abhängigkeit lässt sich durch ein Tafelbild gut veranschaulichen:

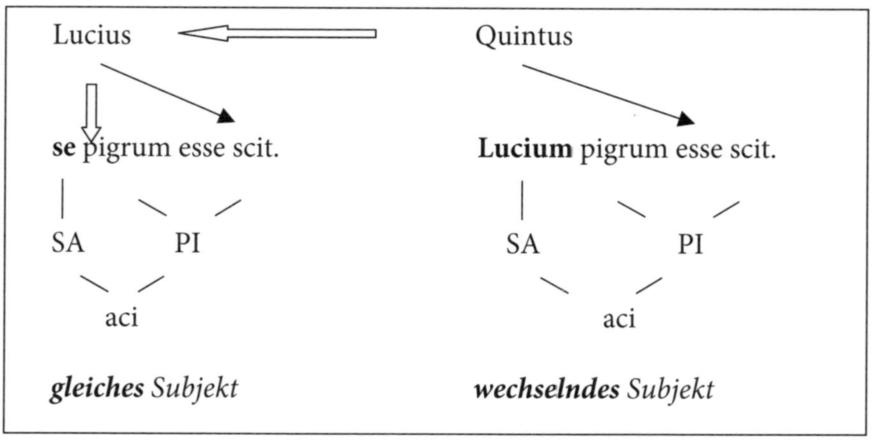

Für die Übersetzung des wegen der zahlreichen innerlich abhängigen aci recht schwierigen Lesestücks ist eine Textvorerschließung mithilfe der

Textspürnasen sinnvoll, damit hinterher bei der Übersetzung der aci Bezüge hergestellt werden können. Achten Sie darauf, dass die Kinder bei der Nennung der Personen auch die Götter mit einbeziehen. Da die Überschrift den Textinhalt vorweg nimmt, dürfte es für die Schüler kein Problem sein, die Namen bestimmten Personen zuzuordnen. Allerdings benötigen sie dazu die neuen Vokabeln.

Das **Lesestück** selbst lässt sich in verschiedene Sinnabschnitte aufteilen. Eine erste Zäsur ist hinter Z. 7 möglich. Sollten Sie hier den Text unterbrechen, ist es ratsam, die Zeilen 8 bis 18 zu einer Einheit zusammenzufassen. Ein weiterer Sinnabschnitt lässt sich hinter Z. 13 setzen. In diesem Falle sollte anschließend mindestens bis Zeile 28, besser bis zum Ende übersetzt werden, wobei die Zeilen 29 bis 32 auch zusammen mit ein oder zwei Aufgaben aus den Textexperten als Hausaufgaben gegeben werden können. An den Stellen, wo der Dativ als possessivus (Z. 31) oder als commodi (Z. 24) erscheint, kann man induktiv vorgehen. Viele Schüler übersetzen aufgrund ihres natürlichen Sprachgefühls ohnehin richtig. Wichtig ist nur, dass die semantischen Funktionen dieser beiden Dative hinterher noch separat besprochen werden.

Die Thematik des Lesestückes legt eine Weiterarbeit mit dem **Informationstext** nahe. Der Text beginnt mit einer in den Annalen des Tacitus überlieferten Anekdote, die sehr deutlich zeigt, dass das Thema Ehe und Familie in Rom keineswegs so eindimensional zu sehen ist, wie es vielfach heute geschieht. Liebe, Treue und Vertrauen wurden auch in der Antike sehr hochgehalten. Die Abschnitte „Die römische Familie“ und „Die römische Eheschließung“ sind für die Schüler selbsterklärend. Allerdings sollten diesmal wirklich alle Aufgaben mit den Schülern besprochen werden. Die Kinder haben viele Fragen.

Bisher wurde die Grammatik noch weitgehend ausgeklammert, doch in den Übungen 3 bis 6 wird sie in vielfältiger Weise geübt. Keine Übung ist verzichtbar, aber alle Übungen können auch in Partner- oder Gruppenarbeit oder als Hausaufgabe bearbeitet werden. Übung 3 und 4 sind Übungen zur Formenlehre und eignen sich auch hervorragend zur Vorbereitung einer Klassenarbeit. Die Übung 5 übt semantische Funktionen des Genitivs, Dativs und Ablativs. Es ist zu empfehlen, diese Übung im Unterricht zu bearbeiten und die semantischen Funktionen durch Tafelanschrieb zu sichern.

Die Übung 6 übt die innere Abhängigkeit im aci. Durch die Umformung in die direkte Rede erkennen die Schüler, auf wen sich das jeweilige Reflexivpronomen im aci bezieht. Diese Übung eignet sich sowohl für

Partner-, wie für Gruppen- oder die häusliche Arbeit. Ein Beispiel sollte im Unterricht vorher besprochen werden.

Die Sprachvergleichsübung lässt sich gut im Unterrichtsgespräch bearbeiten. Sie ist besonders gut geeignet nach einer konzentrierten Grammatikarbeit. Schön wäre es, wenn diese Übung im Englischunterricht besprochen würde.

Der fakultative deutsch-lateinische Übersetzungstext kann wegen seines relativ geringen Schwierigkeitsgrades mit der ganzen Klasse – je nach Lerngruppe sogar im Hörverstehen – übersetzt werden. Da die Sätze einfache Strukturen haben, kann auf Wortstock verzichtet werden. Die einzige Schwierigkeit könnte sich in Z. 11f. ergeben. Hier müssen die Schüler die innere Abhängigkeit berücksichtigen.

Zusatzmaterial

Z: Römisches Frauenleben

Das Leben der Frauen war zwar weitgehend auf den häuslichen Bereich beschränkt, aber nicht wenige Frauen gingen einer beruflichen Tätigkeit nach. Frauen der Oberschicht brachten oft ein großes Vermögen mit in die Ehe, das ihnen eine gewisse Unabhängigkeit garantierte. Viele nahmen am politischen Geschehen teil, so auch etliche römische Kaiserinnen, obwohl die Frauen kein Wahlrecht besaßen. Funde in Pompeji zeigen sogar Wahlaufrufe von Frauen.

Der Vater einer Frau blieb in der Regel ihr *tutor* (= Vormund, Beschützer) oder benannte dazu einen Mann seines Vertrauens. Diese Art der Vormundschaft war in späterer Zeit freilich nur noch reine Formsache.

Lektion 12

Diese Lektion wiederholt als Plateaulektion alle wichtigen grammatischen Kapitel der ersten elf Lektionen. Weder gibt es ein grammatisches Begleitkapitel, noch werden neue Vokabeln eingeführt.

Der Inhalt des Lesestückes dürfte vielen Schülern zumindest aus dem Deutschunterricht bekannt sein. Die **Textspürnasen** sind also vor allem für Schüler gedacht, denen die Fabel unbekannt ist.

Der **Informationstext** sollte die inhaltliche Analyse des Textes begleiten. Es ist also sinnvoll, den Text **vor** der Erarbeitung der **Textexperten** gelesen und besprochen zu haben. Die Aufgabenstellung des Informationstextes und die der Textexperten greifen ineinander, denn die Textexperten legen den Schwerpunkt zum einen auf solide Textarbeit, regen aber darüber hinaus auch zu inhaltlicher Auseinandersetzung an. Die handlungsorientierte Aufgabe 6 der Textexperten schult mehrere Kompetenzen: Die Kinder lernen über die Vorbereitung der szenischen Aufführung wichtige Grundregeln des Theaterspiels (Aufgabe 6a). Das Rollenspiel verhilft ihnen zu einem vertieften Verständnis der Fabel, da sie sich in die einzelnen Protagonisten und ihre Handlungsweisen hineinversetzen müssen.

Die Aufgaben des Informationstextes vertiefen die **Textexperten** oder bereiten diese sachlich vor. Ein kleiner Tipp: Lassen Sie die Kinder das Gedicht Buschs auswendig lernen. Die meisten Schüler haben viel Spaß dabei und manche tragen es sogar mit sprachlicher Nuancierung vor.

In Übung 3 werden die semantischen Funktionen des Ablativs abgefragt. Diese Übung eignet sich für den Unterricht oder – besser – für eine Hausaufgabe, weil die Schüler gleichzeitig den selbstständigen Umgang mit der Begleitgrammatik üben können. Die Übungen 4 und 5 dienen zur Wiederholung und Vertiefung der Formenlehre und sind als Vorbereitung für Klassenarbeiten nützlich. Die Übung 6 übt den Umgang mit dem aci und ist sowohl als Vorbereitung auf eine Klassenarbeit wie auch als Hausaufgabe geeignet. Für den Unterricht ist sie wegen ihrer Redundanz etwas langatmig.

Die sehr anspruchsvolle Satzgliederhaus-Übung gehört auf jeden Fall wieder in den Unterricht, kann bei entsprechender Begleitung durch den Lehrer aber in Gruppenarbeit bearbeitet werden. Am besten ist es, die Schüler farblich unterstreichen zu lassen. In jedem Fall muss auch übersetzt werden. Wichtig: die Schülergruppen müssen ausgewogen besetzt sein und Sie sollten einen strikten Zeitrahmen von ca. 15 bis 20 Minuten – je nach Zusammensetzung der Lerngruppe – vorgeben (nur im Notfall verlängern!).

Die Mindmap-Übung der **Wortrosette** ist für die Schüler sehr erholsam und eine wirkliche Bereicherung, weil sie erkennen, dass scheinbar deutsche Wörter wie Chef oder Kapitän in Wirklichkeit lateinische Wurzeln haben.

Der Mond und die Sonne – Die Schüler lernen in diesem deutschlateinischen Übersetzungstext die unterschiedlichen Auffassungen von Germanen und Römern kennen. Die Übersetzung selbst setzt gute Kenntnisse der Grammatik voraus und sollte im Rahmen von Begabtenförderung an die Schüler gegeben werden, die die nötigen Voraussetzungen mitbringen, um einen Text dieses Schwierigkeitsgrades zu übersetzen. Die anderen Schüler sollten diesen Text zumindest in lateinischer Fassung übersetzen. Doch selbst wenn Sie diesen Text nicht übersetzen, empfiehlt sich in jedem Falle eine inhaltliche Behandlung.

Zusatzmaterial / Aufgaben, die sich auch für eine Klassenarbeit eignen

Z 1: Viele der uns bekannten Fabeln gehen auf den griechischen Fabeldichter Aesop zurück. Dies gilt auch für die Fabel vom Raben und dem Fuchs. Über Aesop selbst wissen wir kaum etwas. Manches kann man einem Roman aus dem 1. Jahrhundert n. Chr. entnehmen. Einigermaßen sicher ist, dass er im 6. Jahrhundert v. Chr. lebte und ursprünglich ein Sklave war, der später freigelassen wurde. Er genoss offensichtlich wegen seiner Erzählkunst ein sehr hohes Ansehen und soll zeitweise am Hofe des sagenhaften Königs Kroisos gelebt haben. Die Überlieferung schildert ihn als hässlich und missgestaltet. Im Roman heißt es sogar, er sei stumm gewesen und die Göttin Isis habe ihm Redekraft und Weisheit verliehen.

Was Legende und was Wirklichkeit ist, können wir heute nicht mehr genau unterscheiden. Aber eine Vorstellung von Aesop können wir uns trotzdem machen. In seinen Fabeln begegnet er uns als ein feinfühliger Mensch, der zum Nachdenken anregen, aber nie verletzen will. Aesop weiß, dass die Wahrheit oft nur schwer zu ertragen ist. Gerade die Mächtigen reagieren auf Kritik nicht selten empfindlich. Aesop hat das am eigenen Leibe erfahren müssen. Dies wird in Aristophanes' *Wespen* 1446f. erzählt. Danach fürchteten die Priester des Orakels von Delphi Aesops Einfluss im Volk und trachteten ihm deswegen nach dem Leben. Sie ersannen eine teuflische List: Es wurde beschlossen, Aesop wegen Tempelräuberei anzuklagen – darauf stand nämlich die Todesstrafe –, und man schmuggelte ihm eine goldene Schale aus dem Apollotempel in sein Gepäck. Anschließend bezichtigten sie ihn des Diebstahls und verurteilten ihn zum Tode.

Z 2: Aesops Fabeln blieben unvergessen. Über Jahrhunderte wurden sie nacherzählt, nachgedichtet und übersetzt. Bei den Römern waren es Phaedrus und Avianus, in Deutschland Luther und Lessing, in Frankreich La Fontaine, in Amerika James Thurber, um nur einige Beispiele zu nennen. Martin Luther hat im Jahre 1530 ein Buch mit Fabeln Aesops herausgegeben. Er sagt im Vorwort: „Wohlan, es will niemand die Wahrheit hören noch leiden, und man kann doch der Wahrheit nicht entbehren, so wollen wir sie schmücken und unter einer lustigen Lügenfarbe und lieblichen Fabeln kleiden."

Aufgabe: Warum hält Martin Luther Fabeln für so wichtig?

Lektion 13

Mit Lektion 13 verlassen wir den römischen Alltag und wenden uns der römischen und griechischen Mythologie zu. Stilistisch und syntaktisch verabschieden wir uns allmählich von der Dialogform und wenden uns komplexeren Erzähltexten zu. Im Bereich der Handlungsorientierung wird die szenische Gestaltung durch andere Kompetenzen erweitert, bzw. ersetzt.

Grammatisch geht es in dieser Lektion um die Einführung der i-Deklination, um *ire* und seine Komposita, um die semantische Funktion des Ablativs als causae, um Konnektoren sowie – im Bereich der Syntax – um den aci als Subjekt. Wegen der Vielzahl der Themen ist der Gebrauch der Begleitgrammatik dringend geraten. Darüber hinaus sollten die Schüler ihre Grammatikmappen um die entsprechenden Deklinationen und Konjugationen erweitern.

Der ***Intra*-Text** beschränkt sich auf die Einführung einiger Formen von *ire*, die die Schüler in ihren Grammatiktabellen problemlos ergänzen können. Zur Sicherung der neuen Formen ist es sinnvoll, die Übung 4 anzuschließen, in der die Schüler die Formen von *ambulare* durch die entsprechenden Formen von *ire* ersetzen sollen.

Die neuen Formen der i-Deklination werden im **Lesestück** induktiv mit eingeführt und stellen für die Schüler bei der Übersetzung kein Problem dar. Das Gleiche gilt für den Gebrauch des aci als Subjekt. Wichtig ist nur, dass sowohl die neuen Formen als auch die besondere Funktion des aci als Subjekt im Anschluss an die Lektüre des Lesestückes besprochen werden. Dazu helfen Ihnen die Übungen 8 und 9: die Übung 8, weil sie die Formen der i-Deklination aus dem Text suchen und bestimmen lässt und mit *magnus* gleichzeitig KNG übt; die Übung 9, weil in Form einer Mindmap die Verben systematisch zusammengestellt werden, die den aci nach sich ziehen. Diese Mindmap sollte in der Grammatikmappe abgeheftet werden.

Die **Satz-Salat**-Übung 10 sollte direkt angeschlossen werden, sei es als Hausaufgabe (dann aus zeitlichen Gründen ohne Übersetzung, die im Unterricht mündlich vorgenommen werden kann) oder wegen des zeitlichen Umfangs besser als Still- bzw. Partnerarbeit im Unterricht.

Die Aufgaben 1 und 2 der **Textspürnasen** dienen der Textvorerschließung. Man kann davon ausgehen, dass die meisten Schüler die Sage von Dädalus und Ikarus kennen und ‚richtige' Vermutungen anstellen. Diese Form der inhaltlichen Vorarbeit bedeutet eine große Erleichterung angesichts der schwierigen Syntax des Lesestücks.

Die Textexperten-Übung ist handlungsorientiert angelegt und kann auch in einer kleinen Gruppe bearbeitet werden. Hier ist Gelegenheit zur Binnendifferenzierung im Bereich der Begabtenförderung. Es ist sinnvoll, Schüler an den Aufgaben arbeiten zu lassen, die über ein gewisses literarisches Talent und einige Phantasie verfügen.

Die **Mäusefraß**-Übung 3 sollte erst *nach* Bearbeitung der anderen Übungen bearbeitet werden, damit die mit dem Projekt beschäftigten Schüler nicht benachteiligt werden. Diese Übung ist besonders für Gruppenarbeit geeignet. Die Schüler können in den Gruppen gemeinsam überlegen, welches Kompositum von *ire* am besten passt, und lernen so gleichzeitig die verschiedenen Bedeutungen der Komposita. Lassen Sie den Kindern ausreichend Zeit, geben Sie aber einen Zeitrahmen von ca. 30 Minuten vor, damit die Aufgabe noch im Unterricht besprochen werden kann.

Die Übungen 5 und 6 eignen sich als Hausaufgabe oder als Vorbereitung einer Klassenarbeit, weil sie das selbstständige Arbeiten der Schüler fördern. Für eine Erarbeitung im Unterricht sind sie weniger geeignet, da die Gefahr besteht, dass einige Schüler nicht mitkommen und der Übungseffekt für sie daher verloren geht.

Der **Ausflug der Vokale** (Übung 7) übt in lockerer Form die Vokabelkenntnisse der Schüler und kann in Partnerarbeit bearbeitet werden. Doch Vorsicht! Die Übung ist nicht ohne. Lassen Sie sie die Kinder auf jeden Fall durchführen. Sie haben viel Spaß dabei und der Lerneffekt ist nicht zu unterschätzen.

Das **versteckte Latein** bedeutet für die meisten Schüler keine große Herausforderung. Lassen Sie zwei Schüler diese Aufgabe übernehmen und wenden Sie sich mit den anderen der sprachvergleichenden Übung 12 zu. Die fakultative deutsch-lateinische Übersetzung Übung 13 ist eine wirkliche Herausforderung für die Schüler und sollte tatsächlich nur von den begabtesten Schülern angefertigt werden. Die Schüler benötigen ausreichend Zeit und gegebenenfalls Hilfestellung.

Dem Rest der Klasse sollte eine lateinische Fassung vorgelegt werden, die für viele schon schwierig genug ist. In der lateinischen Fassung eignet sich dieser Text auch sehr gut zur Vorbereitung auf eine Klassenarbeit. In dem Fall sollte man zumindest einen Teil des Textes unter Klassenarbeitsbedingungen als Stillarbeit mit festem Zeitrahmen übersetzen lassen.

Die Lektüre des **Informationstextes** rundet die Lektion ab. Ich empfehle, ihn tatsächlich erst am Ende lesen zu lassen. Der Text ist selbsterklärend, sollte aber wegen des hohen Anspruchs anhand der Aufgabenstellung inhaltlich mit den Schülern aufgearbeitet werden. Dazu eine persönliche Anmerkung: Interessant ist, wie sehr sich meine Schüler auf die potenzielle Tragödie des Minotaurus eingelassen haben. Die Vorstellung, dass es sich um einen Menschen mit einer krankhaften Vergrößerung des Kopfes handelt (sogenannter „Elefantenmensch", vgl. dazu den auf einem authentischen Schicksal basierenden Spielfilm *Der Elefantenmensch* von 1980) wurde ebenso angedacht wie die Vermutung, dass Minos nur einfach ein illegitimes Kind habe verstecken wollen. Wie schnell Mythenbildung geschieht und Vorurteile und Ängste Menschen zu Monstern werden lassen, diese Erfahrung ist ihnen nicht fremd. Dass sie das Schicksal des Minotaurus sehr beschäftigte, wurde deutlich, als noch Lektionen später Minotaurus immer wieder Erwähnung fand.

Zusatzmaterial

Z 1: http://www.antikefan.de/Bilder/Knossos/knossos.html, ebenso unter http://de.wikipedia.org/wiki/Knossos, diese Internetseite verwendet auch der Kreta Reise Online-Führer: http://www.kreta-reise.info/index.html.

Z 2: Heroen- und Mythenbildung geschah wohl auch bei Dädalus, Minos und Minotaurus. Säge, Zirkel und Töpferscheibe sind ja wirklich einmal erfunden worden. Und wenn man heute auf die Insel Kreta kommt, kann man in der Stadt Knossos die Überreste einer gewaltigen Palastanlage aus dem 16. Jahrhundert v. Chr. bewundern. Diese Anlage hat mehr als 800 Räume und ist tatsächlich verwirrend wie ein Labyrinth. In Athen mag es sogar einen genialen Erfinder mit Namen Dädalus gegeben haben. Ob er aber mit dem Architekten von Knossos und dem Erfinder von Säge, Zirkel und Töpferscheibe gleichzusetzen ist, lässt sich heute nicht mehr endgültig klären.

Der Name Minos begegnet in dem Begriff „minoische Kultur", mit dem man die Blütezeit Kretas im 2. Jahrtausend v. Chr. bezeichnet. In manchen Sagen erscheint Minos als weiser Richter der Unterwelt. In der Geschichte von Dädalus und Ikarus war er allerdings vor allem ein recht grausamer Herrscher, der andere Menschen ihrer persönlichen Freiheit beraubt und eine ganze Stadt für den Tod seines Sohnes büßen lässt.

Lektion 14

Die Lektionen 14 und 15 bilden eine thematische Einheit. In Lektion 14 lernen die Kinder Herkules und seine Herkunft kennen. In Lektion 15 geht es um die Taten und das Ende des Herkules. Auch grammatisch gehören die Lektionen zusammen. Die Schüler lernen das Perfekt Aktiv mit seinen sechs Perfektstämmen kennen. V-, u- und s-Perfekt plus Perfektformen von *esse* werden in Lektion 14, Dehnung-, Stamm- und Reduplikationsperfekt werden in Lektion 15 eingeführt. Die Begleitgrammatik ist in dieser Lernphase unverzichtbar. Es empfiehlt sich, nach der Übersetzung des Lesestückes den § 75 auf S. 77 gemeinsam mit den Schülern im Unterricht zu besprechen, weil es im Umgang mit dem deutschem Perfekt und Präteritum immer wieder Unsicherheiten gibt. Darüber hinaus lasse ich in meinem eigenen Unterricht die Schüler für ihre Grammatikmappe einen Perfektstammbaum mit sechs Hauptästen zeichnen. Der Stamm steht für den Wortstamm des Verbs, die sechs Äste bilden die sechs Perfektstämme. In das Laub, das sich im Laufe der Jahreszeiten verändert, werden die Endungen des Perfekt Aktiv und später die Endungen des Plusquamperfekt Aktiv eingetragen. Damit ergänzen Sie die Darstellung des Perfekttieres in der Begleitgrammatik auf S. 78.

Im ***Intra*-Text** lernen die Schüler die neuen Endungen des Perfekts kennen. Damit sich die Schüler auf die Formen konzentrieren können, beschränken sich die Formen des Perfektstammes auf das v-Perfekt. Dazu kommt eine Perfektform von *esse* (*fuisti*, Z. 4) und eine Perfektform des u-Perfekts (*debui*, Z .3). Die Personalpronomina helfen den Schülern beim Übersetzen der neuen Formen (induktive Methode). Die neu gefundenen Endungen können sofort in den Perfektstammbaum der Grammatikmappe eingetragen werden.

Da die Schüler die anderen beiden Perfektstämme erst im Lesestück kennenlernen werden, ist es sinnvoll, zunächst die Übersetzung vornehmen zu lassen. Wahlweise können Sie auch die Übung 3 vorziehen. Dabei ist zu berücksichtigen, dass das u-Perfekt nur in der Form *debui* eingeführt wurde. Der Transfer zu *adhibere* ist aber kein Problem.

Das **Lesestück** erzählt die Geschichte des Kampfes von Herkules und Iolaus gegen die Hydra. Damit die Schüler die Hintergründe für den Kampf des Herkules gegen die Hydra kennen, ist es sinnvoll, vorher den Informationstext gelesen zu haben. Der Text ist selbsterklärend. Bis auf Aufgabe 3 können die Aufgaben vor der Übersetzung des Lesestückes besprochen werden. Die Bearbeitung der Aufgabe 3 sollte allerdings zu einem späteren Zeitpunkt folgen. Auch wenn etliche Schüler die Herkulesgeschichten bereits kennen, ist es doch sinnvoll, mit ihnen die wichtigsten Namen herauszuarbeiten und eine Folie oder ein Tafelbild zu erstellen.

Diese Folie könnte folgendermaßen aussehen:

Amphitruo + Alcumena + Jupiter		Sthenelus + Nicippa
↓	↓	↓
Iphicles	Hercules + (Megara)	Eurystheus
↓		
Iolaus		

Man sollte den Informationstext unbedingt mit allen Schülern lesen. Die Bearbeitung der Aufgaben können Sie allerdings Schülern überlassen, die an Mythologie besonders interessiert sind. Eine weitere Möglichkeit wäre es, die Inhalte der Informationstexte 14 und 15 als Einheit zu behandeln und als Referat vortragen zu lassen.

Das Lesestück übt die Formen des v-, u- und s-Perfekt in allen Personen. Sie können induktiv vorgehen, da die Schüler mit der Übersetzung der Perfektformen keine Schwierigkeiten haben werden. Dennoch sollten Sie die Formen *nach* der Übersetzung noch einmal benennen lassen. Die Formen herauszuschreiben, ist nur bedingt anzuraten. Denn einige Formen wiederholen sich. Außerdem ist eine solche Vorgehensweise für Schüler schnell ermüdend und langweilig. Sie schalten ab und damit wird das Herausarbeiten sinnlos. Da der Text in einer Unterrichtsstunde nicht zu bewältigen ist, sollten Sie Sinnabschnitte machen. Die sinnvollste Zäsur lässt sich hinter Z. 23 setzen. Hier erreicht der Spannungsbogen seinen Höhepunkt. Man kann mit den Schülern gemeinsam überlegen, wie Herkules und Iolaus das Problem mit der Hydra lösen könnten. Natürlich können Sie auch Teile des Textes als Hausaufgaben übersetzen lassen. Achten Sie nur darauf, dass die Zeilen 25 bis Ende an einem Stück übersetzt werden.

Die Textexperten-Übung ist etwas für „Spezialisten". Im Rahmen der Begabtenförderung können Sie diese Aufgabe von Schülern bearbeiten lassen, die ein Gespür für Artikel dieser Art haben. Besprechen Sie allerdings den Inhalt des Lesestückes vorher im Plenum. Der Inhalt ist zum Verständnis des Lesestückes von Lektion 16 unverzichtbar. Bei der Textwiedergabe sollten die Kinder in jedem Fall *lateinisch* zitieren, damit gewährleistet ist, dass sie inhaltliche Aussagen auch sprachlich belegen können und nicht nur aus ihrer Erinnerung heraus „fabulieren".

Übung 4 übt nicht nur die neuen Perfektformen, sondern wiederholt auch andere Kapitel der Formenlehre und eignet sich damit sehr gut als Hausaufgabe und zur Vorbereitung auf eine Klassenarbeit. Das Gleiche gilt für die Übung 6, die man sich auf jeden Fall für das eine oder andere aufsparen sollte, und die Switchboard-Übung 5, die man allerdings ebenso gut in Partnerarbeit während des Unterrichts bearbeiten lassen kann.

Die Übungen 7 und 8 sollten im Unterricht bearbeitet werden, wobei eine solche Millionär-Übung zur Aufheiterung beiträgt, vor allem wenn man sich als Lehrer für die falsche Sache entscheidet oder die Schüler die ihnen bekannten Spielregeln wie Telefonjoker oder Publikumsfrage ins Spiel bringen. Selbstverständlich ist eine solche Übung fakultativ, aber machen Sie sich und den Schülern doch einfach die Freude …

Das fakultative deutsch-lateinische Lesestück ist wegen seines Schwierigkeitsgrades wieder nur etwas für die „Spezialisten“. Nach der Korrektur der ihnen vorgelegten Übersetzung lässt er sich aber gut für das Hörverstehen einsetzen. Wie üblich sollten Sie zu Übungszwecken den (anderen) Schülern die lateinische Fassung vorlegen.

Lektion 15

Weil in Lektion 15 die Einführung des Perfekts fortgesetzt wird, gibt es keinen ***Intra*-Text**. Die Lektion beginnt sofort mit dem **Lesestück**. Im Verlauf des Textes werden die übrigen Perfektstämme und die Possessivpronomina eingeführt. Zur Vorarbeit der Übersetzung ist es sinnvoll, die Schüler mündlich alle Perfektformen aus dem Text heraussuchen, den einzelnen Perfektstämmen zuordnen und die jeweilige Form bestimmen zu lassen. Die neuen Stämme werden in die noch unbeschrifteten Äste des Perfektbaumes eingetragen.

Das Lesestück baut inhaltlich einen großen Spannungsbogen auf und sollte an einem Stück übersetzt werden. Zur Vorerschließung sollte man zunächst Eigennamen und Schlüsselbegriffe herausarbeiten lassen. Dazu liegt den Schülern das Vokabelverzeichnis vor. Textlänge und Schwierigkeitsgrad des Textes erlauben keine durchgängige schriftliche Übersetzung in einer Schulstunde. Drucktechnisch gibt der Text eine erste Zäsur hinter Z. 15 vor. Neu ist der Ablativus mensurae (Z. 28). Da aber davon auszugehen ist, dass die Schüler den Ablativ instinktiv richtig übersetzen werden, braucht er erst vor Bearbeitung der Übung 5 besprochen zu werden.

Nach der Übersetzung dieses ersten Abschnitts lässt man die Schüler überlegen, wie die Geschichte weitergehen könnte. Die in den **Textspürnasen** empfohlene Bildbetrachtung ist sehr hilfreich. Als Hausaufgabe gibt es eine schriftliche Nachbereitung der übersetzten Zeilen. Wahlweise kann man die Schüler im Unterricht mündlich so viel Text übersetzen lassen, wie Unterrichtszeit zur Verfügung steht. Diese Methode eignet sich vor allem für leistungsstarke Lerngruppen. In der Hausaufgabe müssen die Schüler den Text dann mündlich (möglichst bis zum Ende) weiter übersetzen. Die Hausaufgabe kann über Hörverstehen abgeprüft werden. Dazu werden Schüler mithilfe der Namenskarten ausgelost.

Nach der Übersetzung sollte der Text zunächst inhaltlich aufgearbeitet werden. Die Aufgaben 1, 3 und 5 der **Textexperten** helfen bei der Inhaltsanalyse; die handlungsorientierte Aufgabe 4 sollte von einzelnen Schülern bearbeitet werden.

Die Aufgaben 1 und 2 der **Gangsterboss**-Übung 3 eignen sich als Hausaufgabe. Das Konjugieren der vorgegebenen Verben im Präsens und Perfekt lässt sich gut im Unterricht durchführen. Es gibt verschiedene Methoden: Ganz altmodisch (und nicht im Sinne vieler Didaktiker, aber trotzdem sehr effektiv) konjugieren alle gemeinsam oder man lässt Schüler für Schüler die einzelnen Formen benennen.

Spannender wird es mit einem Wettstreit. Dazu teilt man die Klasse in Gruppen und gibt einen Zeitrahmen von 20 Minuten vor, in dem die Schüler ohne Begleitgrammatik und ohne Hilfsmittel (!) alle Verben schriftlich konjugieren müssen. Auf ein ausgewogenes Verhältnis in den Gruppen ist zu achten. Es ist sachdienlich, die Schüler im Rahmen einer Hausaufgabe die Formen mündlich vorbereiten zu lassen. Wie die einzelnen Gruppen ihre Konjugation organisieren, ist ihre Sache, aber nach der vorgegebenen Zeit ist Schluss. Die Gruppe mit den wenigsten Fehlern erhält eine kleine Siegprämie. Sie werden erstaunt sein, welchen Ehrgeiz Schüler sogar beim Konjugieren entwickeln können.

In Übung 4 werden die im Lesestück neu eingeführten Possessivpronomina geübt. Am effektivsten ist Partnerarbeit während des Unterrichts. Da diese Übung recht anspruchsvoll ist, sollte man Satz a im Plenum vorarbeiten. Die Benutzung der Begleitgrammatik ist angeraten (S. 85, §§ 81 und 82). Nach Beendigung der Partnerarbeit, für die Sie ca. 20 Minuten einkalkulieren sollten, werden die Ergebnisse im Plenum besprochen und durch Tafelanschrieb gesichert.

Übung 5 ist ideal als Hausaufgabe oder als Vorbereitung für eine Klassenarbeit. Es werden die semantischen Funktionen des Ablativs geübt. Entsprechende Hilfen zur Bewältigung dieser Aufgabe finden die Schüler in der Begleitgrammatik unter § 79, S. 83f.; die semantischen Funktionen des Ablativs werden um den mensurae erweitert.

Die **Griechischstunde** (Übung 6) macht den Kindern viel Spaß und regt vielleicht zur späteren Wahl des Faches Griechisch an. Die Fremdwörter-Übung 7 ist diesmal schwieriger und sollte von einzelnen Schülern mithilfe der ihnen zur Verfügung stehenden Medien beantwortet und anschließend im Plenum vorgestellt werden.

Die **Vokabelkarten** (Übung 8) eignen sich als Übung zur Entspannung nach einer schwierigen Grammatikphase. Der fakultative deutsch-lateinische Übersetzungstext sollte nur für die Begabtenförderung eingesetzt werden. Länge und Schwierigkeit machen ihn zu einer echten Herausforderung. In lateinischer Fassung ist er grammatisch wie inhaltlich ein idealer Übungstext zur Vorbereitung auf eine Klassenarbeit.

Lektion 16

Intra hat sich entschieden, das Imperfekt nach dem Perfekt einzuführen. Zunächst werden im ***Intra*-Text** die neuen Formen vorgestellt. Sinnvollerweise schließt man die **Tempuswippe** (Übung 3) an, ein Aufgabentyp, der sich auch gut für Klassenarbeiten einsetzen lässt. Für das weitere Vorgehen rate ich zur deduktiven Methode. Ehe man sich während der Übersetzung des **Lesestücks** in einer zeitraubenden Unterscheidung zwischen der Funktion des Perfekts und des Imperfekts verzettelt, behandelt man diesen Unterschied besser vorher und thematisiert ihn später nur kurz an den entsprechenden Stellen.

Am leichtesten begreifen die Schüler den Unterschied am Beispiel des Trickfilms. Es gibt einen Hintergrund (Imperfekt) und Figuren, die auf diesem Hintergrund agieren (Perfekt). Sie können die Kinder auch einen kleinen Comic zeichnen lassen. Man zeichnet drei Kästchen an die Tafel. In jedem ist ein Baum dargestellt (Imperfekt = Hintergrund). Doch während man im ersten Kästchen nur den Baum sieht, kommt im zweiten Bild ein Vogel angeflogen (Perfekt = es geschieht etwas), der im dritten Bild auf dem Baum sitzt (Perfekt = abgeschlossene Handlung ->geht über ins Imperfekt = Zustand, bis der Vogel wieder wegfliegt -> Perfekt = Handlungswechsel). Die Darstellung ist simpel, aber effektvoll. Sehr hilfreich sind übrigens auch Märchenanfänge, die mit „Es war einmal" beginnen und dann in das eigentliche Geschehen einsteigen.

Erst jetzt sollten Sie mit der Übersetzung des Lesestückes beginnen. Mit seinen aci-Konstruktionen und Adverbialsätzen ist der Text recht anspruchsvoll. Aufgrund der Textlänge sind Zäsuren notwendig, mindestens eine nach Zeile 18. Für die Zeilen 3 bis 15 und 22 bis 32 rate ich zu einer genauen Satzanalyse. Es empfiehlt sich, die Übersetzung im Unterricht mündlich vor – und zu Hause schriftlich nacharbeiten zu lassen. Die semantischen Funktionen des Ablativs werden um den respectūs erweitert. Mit der Übersetzung in Z. 14 werden die Schüler keine Probleme haben; der respectūs kann daher auch im Anschluss an die Übersetzung separat thematisiert werden.

Die Aufgaben 1 und 3 der **Textexperten** sollten nur von wenigen Schülern bearbeitet werden, Aufgabe 2 bereitet das Textverständnis vor und gehört ins Plenum. In dieser Alterstufe kann man darüber hinaus auch schon ansprechen, welches Selbstverständnis von **Frauen** der Niobesage zugrunde liegt.

Zur Unterscheidung zwischen durativem, iterativem und conativem Imperfekt und Perfekt – Imperfekt sollten Sie nach der Übersetzung des Lesestückes mit den Schülern die §§ 85 und 86 auf S. 88f. der Begleitgrammatik besprechen.

Bei der Bearbeitung der Übungen empfehle ich, zunächst die **Ablative streiken** zu lassen (Übung 6). Die semantischen Funktionen des Ablativs werden geübt. Kreativität ist gefragt (am besten in Partnerarbeit).

Unverzichtbar (wie immer) ist das ausgesprochen hausaufgabentaugliche **Steinchenspringen.** Beim **Hantelnstemmen** (Übung 7) gibt es Sprachvergleich zwischen Englisch und Latein. Übung 4, die Komposita von „ire“, können Sie, weil die Verben schon weitgehend bekannt sind, gut für die Vorbereitung einer Klassenarbeit oder für eine intensivere Grammatikphase aufsparen.

Nur etwas für Kenner ist der fakultative deutsch-lateinische Übersetzungstext. Wieder rate ich zur Binnendifferenzierung. Mit der Mehrzahl der Schüler sollte man den Text aus dem Lateinischen übersetzen. Eine inhaltliche Auseinandersetzung (auch am deutschen Original) ist empfehlenswert. Sie fördert die Identifikation mit den auftretenden Personen und die Reflexion über die antiken sozialen Strukturen.

Der **Informationstext** informiert nicht nur sachlich über die Götter, sondern zeigt auch, dass sich bereits die antiken Philosophen mit der Gottesfrage beschäftigt haben. Die Sichtweise des Xenophanes ist frappierend aktuell. Daher sollten zumindest die Aufgaben 1 und 2 im Unterricht besprochen werden. Die handlungsorientierte Aufgabe 3 fördert den selbstständigen Umgang mit Medien.

Zusatzmaterial

Z 1: Griechische und römische Gelehrte lehrten, dass Mathematik und Musik Gaben der Götter seien und die einzelnen Planetenbahnen (=Sphären) die vollendete Verbindung von beidem darstellen. Die Sphären bilden einen überirdisch schönen Klang, die sogenannte Sphärenharmonie, die zu hören allerdings nur wenigen Menschen vergönnt ist.

Z 2: Die englische Sprache kennt zwei Bedeutungen für Himmel. Ist mit *Himmel* die erdumhüllende Atmosphäre gemeint, heißt es *sky,* ist aber vom Wohnort Gottes die Rede, heißt es *heaven.*

Lektion 17

Mit dem Mythos von Echo und Narcissus erzählt Ovid eine Geschichte, die die wenigsten Schüler unberührt lässt. Diese Lektion sollte daher nicht nur unter sprachlichen Gesichtspunkten behandelt werden. **Lesestück** und **Informationstext** bilden eine untrennbare Einheit. Grammatische Neuheiten müssen daher vorgearbeitet und geübt werden.

Thematisch geht es um die Demonstrativpronomina *is, ea, id,* um die reflexiven und nicht reflexivenBesitzverhältnisse, um Prädikativum und Dativus finalis. Im ***Intra*-Text** wird der neue Stoff komplett eingeführt. Üben und vertiefen kann man mit den Übungen 3 (Demonstrativpronomina), vier (reflexives und nicht reflexives Verhältnis), 5 (Prädikativa) und 6 (semantischen Funktionen des Dativs). Die semantischen Funktionen des Dativs, den doppelten Dativ und – in dieser Lektion neu – den dativus finalis erarbeitet man am besten anhand der Begleitgrammatik S. 96, § 94. Hier wird auch eine Übersetzungshilfe angeboten.

Übung 3 ist in ihrer Redundanz eine ideale Hausaufgabe. Übung 4 sollte im Unterricht behandelt werden, da viele Schüler Schwierigkeiten mit Reflexivität und Nichtreflexivität haben. Übung 5, einmal erklärt, eignet sich als Still- bzw. Partnerarbeit und als Hausaufgabe. Übung 6 bietet sich für Partnerarbeit im Unterricht an. Für eine Hausaufgabe ist sie zu umfangreich und sollte nur dann aufgegeben werden, wenn zumindest einige Sätze im Unterricht besprochen wurden.

Erst nach dieser Übungsphase sollten Sie das Lesestück übersetzen. Der Text muss trotz notwendiger Zäsuren als Einheit bearbeitet werden. Hypotaktisch bietet der Text einige Schwierigkeiten. Eine begleitende Satzanalyse ist wie in Lektion 16 unverzichtbar. Wieder sollte in der Schule mündlich vor- und zu Hause schriftlich nachübersetzt werden.

Sinnvolle Zäsuren lassen sich hinter Z. 12 und 18 setzen. Spätestens nach Z. 18 ist es ratsam, über die Persönlichkeit des Narcissus zu sprechen und mit den Schülern zu überlegen, wie die Geschichte weitergehen könnte.

Die Aufgaben der **Textexperten** sind bis auf die Aufgaben 3 und 4 handlungsorientiert. Sie sind sehr reizvoll, weil sie unterschiedliche Begabungen ansprechen. Künstlerische Kreativität ist ebenso gefragt wie schauspielerisches Talent. Wegen des hohen Zeit- und Arbeitsaufwandes eignen sie sich allerdings nur für ein (freilich sehr lohnendes) größeres Projekt mit anschließender Präsentation. Das im Lehrerheft bereitgestellte Zusatzmaterial kann eine solche Präsentation noch abrunden.

Im **Informationstext** geht es nicht allein um den Mythos von Narcissus und Echo, sondern auch um die Unterscheidung zwischen Märchen und Mythos. Wichtig ist es, den Schülern die existentielle Bedeutung des Mythos verständlich zu machen, die den Mythos klar von der Sage abgrenzt. Das Foto des sich spiegelnden Kindes ist dabei eine große Hilfe. Die Aufgaben zum Text sollten alle besprochen werden.

Erst wenn die ganze Lektion besprochen wurde, sollte der fakultative deutsch-lateinische Übersetzungstext bearbeitet werden. Es bleibt Ihnen überlassen, ob Sie vom Deutschen ins Lateinische (nur Begabtenförderung), vom Lateinischen ins Deutsche übersetzen oder sich für eine Besprechung des deutschen Textes entscheiden. In jedem Fall rundet der Mythos der Clytiē die Gesamtthematik ab.

Zusatzmaterial

Hier die originale Stelle aus Ovids Metamorphosen, die man bei einer Präsentation durchaus mit benutzen sollte.

Z 1: Ovid beschreibt die letzte Begegnung zwischen Echo und Narcissus. So lauten die letzten Verse auf Deutsch: „Obwohl sie (= Echo) so zornig war und eigentlich nicht vergessen konnte, empfand sie doch Mitleid, als sie das sah. Jedes Mal, wenn der klagende Jüngling sein ‚Wehe' gesprochen hatte, ließ sie dies ‚Wehe' widerhallen; wenn er mit den Händen seine Arme geschlagen hatte, gab auch sie genau dieses Schlaggeräusch wieder. ‚Wehe, du aussichtslos geliebter Jüngling!' Dies waren die letzten Worte des in das gewohnte Wasser Schauenden. Aber der Ort sandte die gleiche Zahl an Worten zurück, und dem gesprochenen ‚Leb wohl' antwortete auch Echo mit einem ‚Leb wohl'."

Quae tamen **ut** vid**it**, quam**vis** irata me**mor**que,
indolu**it**, quoti**ens**que pu**er** mise**ra**bilis „**e**heu"
dixerat, **haec** reso**nis** ite**ra**bat **vo**cibus „**eh**eu";
cumque su**os** mani**bus** per**cus**serat **il**le la**cer**tos,

haec quoque **red**de**bat** soni**tum** plan**go**ris e**un**dem.
ultima **vox** soli**tam** fuit **haec** spec**tan**tis in **un**dam:
„**heu** frus**tra** di**lec**te pu**er**!" toti**dem**que re**mi**sit
verba lo**cus**, dic**to**que va**le** „val(e)" **in**quit et **E**cho.
Ovid, Metamorphosen III, 484–501

Die oben abgedruckten lateinischen Verse hat Ovid im Versmaß Hexameter (Sechsmaß) gedichtet. In jeder Zeile findest du sechs Silben, die du beim Lesen betonen musst. Zur Erleichterung sind sie fett gedruckt. Präge dir folgenden deutschen Hexameter gut ein: „**Lass** auch **du** dich ver**zau**bern vom **Klang** der la**tei**nischen **Spra**che." Nun versuche, die lateinischen Verse im Versmaß zu lesen. Viel Spaß!

Z 2: Möglicherweise versucht der Mythos zu erklären, dass Narcissus als Kind einer Vergewaltigung gar nicht lieben konnte, weil er ohne Liebe empfangen wurde, obwohl ihn seine Mutter sicher geliebt hat:

Prima fide vocisque ratae temptamina sumpsit
caerula Liriope, quam quondam flumine curvo
inplicuit clausaeque suis Cephisos in undis
vim tulit: enixa est utero pulcherrima pleno
infantem nymphe, iam tunc qui posset amari,
Narcissumque vocat.
Ovid, Metamorphosen III, 341–346a

Z 3: Eine wunderschöne Darstellung der Clytië hat der klassizistische Künstler Charles Towneley im 18. Jahrhundert geschaffen. Man findet sie unter http://en.wikipedia.org/wiki/Clytie.

Lektion 18

In dieser Lektion werden die Tempora der Vergangenheit im Indikativ Aktiv mit der Einführung des Plusquamperfekts abgeschlossen. Einige Formen werden im ***Intra*-Text** vorgestellt, die Einführung der übrigen Formen erfolgt deduktiv im Unterricht.

Die neuen Formen sind leicht zu lernen. Daher kann man das Hauptaugenmerk auf die Hypotaxe legen. Die Schüler werden induktiv auf Adverbialsätze (Schwerpunkt der Lektion 19) und Relativpronomina und

Attributsätze (Thema der Lektion 20) vorbereitet. Viele Schüler haben damit vor allem wegen der Begrifflichkeit Schwierigkeiten. Sie können auch im Deutschen oft nicht zwischen Haupt- und Nebensatz, geschweige denn zwischen Adverbial-, Attribut- und Objektsatz unterscheiden. Es ist also ratsam, zunächst an deutschen Sätzen Hypotaxe zu üben, bevor man mit der lateinischen Übersetzung beginnt. Der Einsatz von Satzgliederhaus (S. 103 und S. 106f.) und Begleitgrammatik ist hilfreich (§ 100, S. 102f. und §§ 106/107, S.106/7).

Ich rate bei der Analyse der lateinischen Sätze zum Einsatz der Farben. Die Adverbialsätze werden gelb unterstrichen, die Attributsätze richten sich in ihrer Farben nach ihrem Bezugswort, wobei das Relativpronomen noch zusätzlich in der Farbe seiner Satzfunktion gekennzeichnet werden muss. Inhaltlich geht es um die Geschichte von Herkules und Prometheus. Hierzu gibt es im Lehrerheft einen informativen Zusatztext. Achten Sie auf die Alliteration bei *venit, virumque vidit* (Z. 1f.).

Die **Textspürnasen** empfehlen, zur Vorerschließung die Sätze zusammenzutragen, in denen der Name Prometheus vorkommt. Mithilfe des Vokabelverzeichnisses lässt sich auf diese Weise zumindest der Inhalt des Textes vorarbeiten. Das erleichtert bei potenziellen Schwierigkeiten die Übersetzung, weil die Schüler wenigstens schon eine Ahnung davon haben, worum es geht.

Die Gliederung in Aufgabe 1 der **Textexperten** ist als Übung für eine Textanalyse unverzichtbar, während die handlungsorientierten Aufgaben 2 bis 4 nur von einer kleinen Gruppe im Rahmen der Binnendifferenzierung bearbeitet werden sollten. Das Lesestück arbeitet mit mehreren Tempuswechseln und besteht aus Rahmen- und Binnenhandlung. Die Erzählung verläuft in drei Zeitebenen. Eine Visualisierung durch Tafel oder Folie ist sinnvoll und könnte folgendermaßen aussehen:

Rahmenhandlung: Hercules venit et virum vidit. (Perfekt)

Binnenhandlung:
Prometheus homines creaverat. (Plusquampf.)
Prometheus ignem rapuit. (Perfekt)
Vulcanus Prometheum ad saxum deligavit. (Perfekt)

Rahmenhandlung: Prometheus dolores sustinebat. (duratives Imperfekt)
Hercules Prometheum liberavit. (Perfekt)

Die Ergebnisse von Gruppen- und Plenumsarbeit greifen ineinander. Die Textbetrachtung bildet die Grundlage für den kritischen Umgang mit den Ergebnissen der Gruppenarbeit. Diskutieren Sie abschließend mit den Schülern, ob die Prometheusgeschichte heute noch relevant ist. Für die textvertiefende Arbeit ist der Zusatztext hilfreich. Interessant ist in diesem Zusammenhang, dass die moderne Anthropologie die Nutzbarmachung des Feuers als einen ganz entscheidenden Schritt in der Entwicklung der Hominiden hin zum homo sapiens ansieht (vgl. Z 2).

Der Übungsteil ist in dieser Lektion weniger umfangreich, weil der Grammatikstoff relativ unkompliziert ist. Die **Zeitreise** sollte natürlich bearbeitet werden. Sie eignet sich für die Arbeit im Unterricht, als Hausaufgabe (dann muss sie an einem Beispiel einmal vorgeführt werden) und zur Vorbereitung auf eine Klassenarbeit.

Die **Schwarzen Schafe** sind diesmal etwas gemein (vor allem a = das Schäfchen ist übrigens „clam", als einziges kein Zeitadverbiale). Lassen Sie die Schüler am besten in Partnerarbeit knobeln. Zur Entspannung gibt es den **Millionär**. Das **versteckte Latein** können Sie im Unterricht besprechen oder lassen zwei Schüler die Begriffe nachschlagen und anschließend im Plenum vorstellen.

Der **Epimetheus**-Text, die fakultative deutsch-lateinische Übersetzung, sollte zumindest in deutscher Sprache einmal gelesen worden sein. Lassen Sie eine(n) Schüler(in) nach der geradezu sprichwörtlichen Büchse der Pandora in einem Lexikon oder im Internet suchen. Die Übersetzung selber ist recht anspruchsvoll und wieder nur etwas für die „Spezialisten". Wie üblich eignet sich die lateinische Fassung zu Übungszwecken.

Im **Informationstext** geht es um die individuellen Bestrafungen im Tartarus und um die Frage, ob man für Unrecht, das auf Erden ungesühnt bleibt, irgendwann zur Rechenschaft gezogen wird. Zumindest Aufgabe 3 sollte im Unterricht diskutiert werden, wobei man sich darüber im Klaren sein muss, dass es eine endgültige Antwort auf diese Frage nicht geben kann. Hilfreich ist der Hinweis auf Vergils Aeneis (Phlegyas, *Aeneis VI*, 620, vgl. Z 3). Auch einen Vergleich mit dem Gleichnis vom armen Lazarus und dem Reichen (Lukas 16,19-31) kann ich sehr empfehlen, gegebenenfalls fächerübergreifend mit den Kollegen des Religionsunterrichts oder der Praktischen Philosophie. (Je nach Zusammensetzung der Lerngruppe sollte man diese Diskussion für einen späteren Zeitpunkt aufheben; Fragen zur Ethik werden in Intra II immer wieder thematisiert). Die handlungsorientierten Aufgaben 1 und 2 sind fakultativ.

Zusatzmaterial

Z 1: Prometheus

Im 1. Buch *Mose* heißt es, dass Gott den Menschen nach seinem Bilde geschaffen, ihn aus Lehm geformt und ihm Leben eingehaucht habe. Ähnliches erzählt der griechische Dichter Hesiod. Bei ihm sind es der Titan *Prometheus*, der den Menschen aus einem Erdkloß nach dem Abbild der Götter formt, und die Göttin *Minerva*, die ihm Leben und Verstand einhaucht. Die Götter verlangen dafür von den Menschen Anbetung und Opfer. *Prometheus* schlachtet einen Ochsen. In das größere Stück der Rinderhaut wickelt er Fett und Knochen und in das kleinere das essbare Fleisch. Dann fordert er *Iuppiter* auf, zwischen beiden Teilen zu wählen, um so für alle Zeiten zu klären, welche Teile eines Tieres als Opfer dienen sollen. *Iuppiter* entscheidet sich für das größere, schlechtere Teil. Wutentbrannt entzieht er den Menschen darauf das so dringend benötigte Feuer. *Prometheus* raubt es für sie und lehrt sie gleichzeitig Fertigkeiten wie das Schmiedehandwerk. Deshalb lässt *Iuppiter* ihn durch *Vulcanus* an die höchste Felsspitze des Kaukasus schmieden und anschließend, weil *Prometheus* ihn deswegen verlacht, in den *Tartarus* stoßen. Sein Adler reißt ihm dort täglich die nachts nachwachsende Leber heraus. Erst nach langer Zeit erlaubt er die Befreiung des *Prometheus* durch *Herkules.*

Z 2: Die Nutzung des Feuers gilt auch in der modernen Anthropologie als entscheidender Entwicklungsschritt vom Menschenaffen hin zum *Homo sapiens.* Sie ist bei Homo erectus pekinensis vor ca. 300 000 Jahren nachgewiesen.

Z 3: Im 6. Buch der *Äneis* beschreibt Vergil die Qualen des Tartarus. Er lässt Phlegyas, der wegen seines Überfalls auf das delphische Orakel hierhin verdammt wurde, immer wieder Folgendes hinausschreien: „Gewarnte, lernt Gerechtigkeit zu üben und nicht die Götter zu verachten.“ „**Dis**cite **ius**titi**am** monit(i) **et** non **tem**nere **di**vos.“ (*Aeneis VI*, 620)

Lektion 19

Themen dieser Lektion sind die Einführung der Formen und Komposita von *ferre,* die Substantivierung der Adjektive und die systematische Einführung der adverbialen Gliedsätze. Die Schüler lernen Temporal-, Kausal-, Konditional-, Komparativ- und Konzessivsatz kennen. Eine systematische Übersicht über die entsprechenden Subjunktionen, deren jeweilige syntaktische und semantische Funktion und die Namen der Adverbialsätze finden Sie in der Begleitgrammatik unter § 100 auf S. 103 (vgl. Lektion 18). Das Satzgliederhaus visualisiert die adverbiale Funktion der Subjunktionalsätze. Der Einsatz der Begleitgrammatik ist dringend geraten.

Der ***Intra*-Text** beschränkt sich auf die Einführung der Formen von *ferre* und sollte mit der Übung 3 fortgeführt werden, bei der es um die Umformung verschiedener Formen von *portare* in die entsprechenden Formen von *ferre* geht. Die Aufgabenstellung eignet sich auch gut für Klassenarbeiten.

Die **Baufix**-Übung 4 ist eine ideale Hausaufgabe, bietet sich aber auch, wie in der Aufgabenstellung vorgeschlagen, für einen Wettbewerb an. Angesichts der Fülle von Möglichkeiten der Formenbildung ist es allerdings notwendig, die Zahl der zu bildenden Formen zu beschränken – oder bei einem Wettbewerb – eine nicht zu lange Zeitspanne vorzugeben. Die Korrektur dieser Übung ist sonst zu zeitaufwändig. In ihrer Redundanz ist diese Übung übrigens auch ideal für die häusliche Vorbereitung auf eine Klassenarbeit und die Arbeit im Förderunterricht.

Die Zweiteilung des **Lesestücks** birgt einen großen Vorteil. Natürlich können Sie beide Texte hintereinander übersetzen lassen. Ratsamer ist es jedoch, zwischen beiden Texten eine Syntaxphase einzulegen. Im ersten Text können Sie induktiv vorgehen. Die Schüler üben die unterschiedlichen Zeitfunktionen von Perfekt und Imperfekt und lernen die verschiedenen Subjunktionen in ihrer jeweiligen semantischen Funktion kennen. Für den zweiten Text bietet sich die deduktive Methode an.

Da der erste Text keine allzu großen Schwierigkeiten aufweist, kann man ihn im Hörverstehen übersetzen lassen. Dazu ist eine Textvorerschließung unter zwei Gesichtspunkten notwendig. Lassen Sie die Schüler erst die im Text auftretenden Personen herausarbeiten und untereinander Bezüge herstellen. So sehen die Schüler den Roten Faden des Textes. Das Tafelbild dazu könnte so aussehen:

Peleus cum **Thetide** nuptias faciebat.
Cuncti dei deaeque in **Pelium montem** se conferebant.
Iuppiter Discordiam deam non invitaverat.
Discordia malum inter deos iecit.
Iuno, Minerva Venusque exclamaverunt: „Ego pulcherima sum."
Iuppiter Mercurium advocavit: „**Paridi** pomum fer."

In einem zweiten Durchgang suchen die Schüler die Subjunktionen aus dem Text und bestimmen mithilfe der Begleitgrammatik deren semantische Funktionen.

Während des Hörverstehens schließen die Schüler die Übungsbücher, nur die Vokabelverzeichnisse sind geöffnet. Man kann mit Nein-Ja-Fragen arbeiten oder den Text in kleineren Einheiten übersetzen lassen. Für die zweite Variante empfehle ich das Ziehen von Namenskarten. Die abschnittweise Übersetzung braucht zwar etwas Zeit, hat aber einen großen Lerneffekt. Eine genaue Übersetzung am Text im Anschluss an das Hörverstehen ist in beiden Fällen unverzichtbar. Sie können die Schüler den Text auch mündlich als Hausaufgabe vorübersetzen lassen und diese Vorarbeit anschließend über Hörverstehen kontrollieren.

Inhaltlich greifen die Texte 1 und 2 ineinander, in ihrer Gestaltung sind sie dagegen sehr unterschiedlich. Während der erste Text ein Erzähltext der Vergangenheit ist, arbeitet der zweite Text mit dem literarischen Mittel der Retrospektive des Ich-Erzählers. Dadurch wirkt der Text persönlicher. Ich empfehle bei diesem zweiten Text konventionelles Übersetzen und rate hinterher zu einer Textanalyse anhand der **Textexperten.** Neben dem Textverständnis werden so Identifikation und Reflexion mit den im Text auftretenden Personen (hier Paris) geschult.

Für die nach Text 1 empfohlene Syntaxphase ist die (sehr klassenarbeitstaugliche) Übung 5 ideal. Es werden nicht nur die semantischen Funktionen der Subjunktionen geübt, sondern die Schüler müssen bei der Wahl der Subjunktionen auch genau auf die Tempora der Nebensätze achten. Zwei oder drei Beispiele sollte man im Plenum besprechen, die übrigen Sätze können Sie in Partnerarbeit, wahlweise als Hausaufgabe erarbeiten lassen. Bei Partnerarbeit sollten Sie auf ausgewogene Paarungen achten. Schwächere Schüler sind mit dieser Übung schnell überfordert.

Übung 6, der **Entscheidungsbaum,** sollte nur im Unterricht behandelt werden. Schüler mit einer solchen Aufgabe alleine zu lassen, ist wenig sachdienlich. Die **Griechischstunde** dient zur Entspannung und macht den Schülern viel Spaß. Das gilt auch für die Übung **The Rich an the Famous** und **Vokabelhappen,** beides Übungen, bei denen die Schüler ihre modernen Sprachkenntnisse (besonders die englischen) in den Lateinunterricht einbringen können. Für den fakultativen deutsch-lateinischen Übersetzungstext empfehle ich die gleiche Vorgehensweise wie in Lektion 18.

Das Experiment zu Anfang des **Informationstextes** ist spannend und funktioniert tatsächlich. Sie müssen das griechische Zitat nur oft genug lesen lassen. Für die Schüler ist es faszinierend, dass man auf diese Weise Sprachen lernen kann. Überhaupt ist Heinrich Schliemann für Schüler eine spannende Persönlichkeit. Verteilen Sie Referate und lassen Sie die Schüler ruhig während der Unterrichtsstunde am Computer recherchieren. Oft brauchen sie nur einen kleinen Anstoß, um sich über Links in die Thematik zu vertiefen. Gerade auch schwächere Schüler haben so Gelegenheit, sich in den Unterricht einzubringen. Achten Sie allerdings darauf, dass die Schüler nicht wahllos Internetseiten ausdrucken und in ihren Referaten zitieren, sondern aus dem vorhandenen Material eigenständige Vorträge erarbeiten.

Zusatzmaterial

Z 1: Hier *Ilias 1.1* in Originalschrift: „**Μῆ**νιν **ἄ**ειδε, θε**ὰ**, Πηλη**ϊ**άδεω Αχιλ**ῆ**ος“ und Übersetzung: „**Sin**ge, o **Göt**tin, vom **Zorn** des Pele**ï**aden A**chil**leus.“

Z 2: Heinrich Schliemann hat sich zweifellos große Verdienste um die archäologische Forschung erworben. Dennoch sind seine Leistungen nicht unumstritten. Sein Umgang mit dem Briten *Calvert* stieß auf heftige Kritik. Im Internet kann man sich unter der Adresse http://www.planet-wissen.de/pw/index.html über Heinrich Schliemann genauer informieren. Einfach den Suchbegriff „Troja“ eingeben. Die Seite bietet zahlreiche hilfreiche Links.

Lektion 20

In dieser Lektion werden die substantivischen und adjektivischen Relativpronomina, die Interrogativpronomina und außerdem die Formen von *quidam* eingeführt. Da die Schüler in Lektion 18 das Relativpronomen bereits kennengelernt haben, beschränkt sich der ***Intra*-Text** auf die Einführung der verschiedenen Formen des Relativpronomens und den Gebrauch des Relativsatzes als Attributsatz.

Die parallele Nutzung der Begleitgrammatik ist sinnvoll, sollte sich aber zunächst auf die Seiten 105 und 106 beschränken. In § 105 finden die Schüler eine Aufstellung des Relativpronomens. Das Satzgliederhaus auf S. 106 visualisiert die besondere Funktion des Relativsatzes als Attribut.

Zur Vertiefung des Gelernten rate ich zur unmittelbar anschließenden Übersetzung des **Lesestücks.** Die Schüler erleben hier die verschiedenen Spielarten des Relativpronomens an einem mittelschweren und damit zügig zu bearbeitenden Text. Ausgehend von der Textüberschrift empfehlen die **Textspürnasen** eine inhaltliche Vorerschließung (des ersten Textes), wobei davon auszugehen ist, dass die Geschichte im Kern bekannt ist. Die Schüler sollen Eigennamen und Schlüsselbegriffe aus dem Text heraussuchen, die Auskunft über den Verlauf der Handlung geben können. Solche Schlüsselbegriffe sind z. B. *equus ligno factus* (Z.6), *in litore* (Z. 6), *insidias Graecorum* (Z. 9), *donum Graecorum* (Z. 12); *Lacoon sacerdos cum duobus filiis* (Z. 14). Der Einsatz des Vokabelheftes ist notwendig.

Den ersten Text können Sie in Partnerarbeit während des Unterrichts übersetzen lassen. Probleme könnte es bei den adjektivischen Fragepronomen in Z. 15 und 17 geben. Entweder kommen die Schüler von selber auf die richtige Bedeutung oder man hilft bei der Übersetzung. Systematisch behandeln sollte man den Unterschied jedoch erst nach der Übersetzung am besten über deutsche Beispielfragen wie diese:

„Wer (substantivisch) lacht?" => Das kann/können **ein oder mehrere** Erwachsene und/oder Kinder sein. – „Welches (adjektivisch) Kind lacht?" => Damit ist genau definiert, dass es nur **eine Person**, nämlich **ein Kind** ist.

Adjektivische und substantivische Fragepronomina im Lateinischen bespricht man hinterher am besten anhand der Begleitgrammatik S. 108 unter den §§ 108/109.

Nach Z. 21 empfiehlt es sich, eine Übungsphase einzulegen. Dazu eignen sich **Mäusefraß** (Übung 3: Ergänzung der Relativpronomina), **Zauberer** (Übung 4: Switchboard) und **Fragen über Fragen** (Übung 6: adjektivische und substantivische Fragepronomina). Übung 3 gehört als Partner- oder Stillarbeit in den Unterricht; die Bearbeitung des Switchboards eignet sich eher als Hausaufgabe. Wegen ihres Umfanges sollte man wenigstens zwei Sätze schon im Unterricht bilden lassen. Übung 6 ist eine ideale Hausaufgabe oder Übung für eine Klassenarbeit.

Der zweite Teil des **Lesestücks** sollte im Plenum übersetzt werden. Die relativischen Satzanschlüsse in den Zeilen 2, 7 und 14 sind ohne Hilfe des Lehrers für Schüler nicht übersetzbar. Da die Schüler in Lektion 17 das Demonstrativpronomen kennengelernt haben, können Sie die relativischen Satzanschlüsse zunächst durch die entsprechenden Formen von *is, ea, id* ersetzen. Eine dringend erforderliche systematische Übung zum relativischen Satzanschluss finden Sie unter **Bloß nicht den Anschluss**

verpassen (Übung 5). Diese Übung ist sehr anspruchsvoll ist und gehört ebenfalls in den Unterricht.

Die verschiedenen Formen von *quidam* werden induktiv im zweiten Teil des Lesestückes eingeführt. Mithilfe der **Schreibtafel** werden sie anschließend systematisch geübt. Die Benutzung der Begleitgrammatik ist hilfreich. Die Übung selber eignet sich gut als Hausaufgabe.

Die **Textexperten** gehen in ihrer Aufgabenstellung textanalytisch vor. Die Schüler werden aufgefordert, sich mit den Trojanern zu identifizieren und ihr Handeln zu reflektieren. Konfrontieren Sie die Schüler zum Schluss mit der Frage, warum die Trojaner überhaupt auf die List des Odysseus hereingefallen sind. So leiten Sie zum **Informationstext** über, der die Listenhaftigkeit des Odysseus zum Inhalt hat. Dass Odysseus ein guter Psychologe und Menschenkenner war, liegt auf der Hand. Dass er dazu auch einer gewissen Risikobereitschaft bedurfte, erkennen die Schüler an dem Entschluss des Odysseus, das Pferd auch auf die Gefahr des Scheiterns hin zu bauen. Schlüsselbegriffe wie *Kriegsmüdigkeit* und *Beutegier der Trojaner* (Z. 11f.) sind für das Verständnis sehr wichtig. Zur Vertiefung verweise ich auf den Zusatztext Z 2.

Die Aufgabe 1 des Informationstextes greift auf die Thematik von Lektion 13 zurück, in der die Spannung zwischen Sage und historischer Wahrheit behandelt wurde. Der fakultative Steckbrief des Odysseus in Aufgabe 2 sollte nur von besonders interessierten Schülern erstellt werden.

Natürlich gibt es auch einen „**Trojaner**", die Übung 9, die in gleicher Weise dem Sprachvergleich wie der Vokabelwiederholung dient. Das **versteckte Latein** in Übung 8 lässt man am besten wieder von ein oder zwei Schülern nachschlagen.

Der fakultative deutsch-lateinische Übersetzungstext ist diesmal sehr anspruchsvoll. Selbst wenn er nur in der „Spezialisten"-Gruppe übersetzt wird, ist Hilfe seitens des Lehrers notwendig. Gehen Sie den Text auf potenzielle Schwierigkeiten hin durch und erarbeiten Sie mit den Schülern eine vorbereitende Satzanalyse. Danach sollte die Übersetzung wohl gelingen. Die anderen Schüler (wahlweise die ganze Lerngruppe) übersetzen den Text in der lateinisch-deutschen Fassung.

Zusatzmaterial

Z 1: Ein schrecklicher Albtraum quält *Hecuba*, die schwangere Gattin des trojanischen Königs *Priamus*. Sie träumt, dass sie statt eines Kindes eine brennende Fackel gebiert. Ein Seher sieht darin ein Zeichen der Götter für den drohenden Untergang Trojas. Nach der Geburt setzen die Eltern das Baby im Gebirge aus. Es überlebt. *Hecuba*, die den Verlust ihres Sohnes nicht verschmerzen kann, verdrängt nur allzu gern die Erinnerung an den Traum und seine Deutung, als der inzwischen herangewachsene *Paris* zufällig an den Königshof zurückkehrt. So erfüllt sich das von den *Moiren* (=Schicksalsgöttinnen) beschlossene Schicksal. *Priamus* schickt *Paris* mit einer Gesandtschaft zu *Menelaos* nach Sparta. Dort begegnet er *Helena*. Er raubt sie und mit ihr einen Teil vom Schatz des *Menelaos* und beschwört damit die Katastrophe herauf. Um die Ehre des *Menelaos* wieder herzustellen, rüsten die durch ihren Eid gebundenen ehemaligen Freier *Helenas* zum Heerzug gegen Troja.

Z 2: Durch eine Weissagung erfahren die Griechen, dass sie gegen die Trojaner nur siegen können, wenn *Achilleus,* der Sohn des *Peleus* und der Nymphe *Thetis,* sie begleitet. *Thetis,* die weiß, dass ihrem Sohn entweder ein langes Leben in der Bedeutungslosigkeit oder ein früher Tod als Held in Troja beschieden ist, überredet *Achilleus*, sich in Mädchenverkleidung am Hof des *Lycomedes* zu verstecken. Um ihn umzustimmen, greift *Odysseus* zu einer List. Er reist zu *Lycomedes* und überreicht den Frauen des Hofes kostbare Schmuckstücke, unter die er einige Waffen geschmuggelt hat. Plötzlich ertönt ein Trompetensignal. Alle fliehen bis auf *Achilleus,* der instinktiv nach den Waffen greift und sich damit selber entlarvt. Er bereut sein feiges Verhalten und beschließt, mit nach Troja zu ziehen. Im zehnten Kriegsjahr kommt es zwischen ihm und *Agamemnon*, dem Bruder des *Menelaos*, zum Streit. *Achilleus* zieht sich aus dem Kampfgeschehen zurück. Das Kriegsglück der Griechen wendet sich. Da tritt *Patroclus,* der Vetter und beste Freund des *Achilleus*, in dessen Rüstung auf und verleiht den Griechen auf diese Weise neuen Mut. Er wird jedoch von *Hector,* dem Bruder des *Paris*, getötet, der glaubt, *Achilleus* vor sich zu haben. Wahnsinnig vor Trauer fordert *Achilleus Hector* zum Zweikampf. Als *Hector* fällt, bindet *Achilleus* den Leichnam an seinen Streitwagen und schleift ihn um die Mauern Trojas. Erst auf Bitten seiner Mutter überlässt er *Priamus* die sterblichen Überreste. Kurze Zeit später erfüllt sich auch sein Schicksal. Er stirbt durch einen von *Apollo* gelenkten Pfeil des *Paris*. Die Eroberung Trojas erlebt er nicht mehr. Die *Achillesferse* ist geradezu legendär geworden.

Z 3: Bei dem echten Trojanischen Pferd handelt es sich möglicherweise um eine völlig neuartige Kampfmaschine. Im ZDF history channel wird

auf entsprechende Kriegsmaschinen der Hetither verwiesen, die vielleicht Pate gestanden haben:
http://www.zdf.de/ZDFde/inhalt/9/0,1872,2137641,00.html

Z 4: Anregung für den Sachteil einer Klassenarbeit.
„**Quid**quid id **est**, time**o** Dana**os** et **do**na fere**nt**es." = "Was auch immer es ist, ich fürchte die Danaer, auch die, die Geschenke bringen."

Vergil, Aeneis II,49

Wer könnte diesen Satz gesagt haben? Begründe deine Auffassung!

Lektion 21

In dieser Lektion werden die Aktivformen des Futur I eingeführt. Die Schüler lernen die wichtigsten Formen im ***Intra*-Text** kennen und üben sie anschließend in einer **Formenwippe**. Schwierigkeiten bereitet erfahrungsgemäß die Unterscheidung zwischen b- und e-Futur. Die Zeichnung hilft vielleicht als kleine Eselsbrücke.
Im **Lesestück** geht es um Dido und Aeneas. Die **Textspürnasen** bereiten die Schüler auf diese Thematik vor. Es ist also sinnvoll, vor der Übersetzung zumindest den Aeneasteil des **Informationstextes** gelesen zu haben. Das Lesestück arbeitet mit zwei Zeitebenen. Die Schüler erfahren von der Zerstörung Trojas (Perfekt) und der Weissagung des Anchises (Futur); gleichzeitig erleben sie, wie Aeneas durch seine Liebe zu Dido diese Weissagung auszuhebeln scheint (Perfekt) und von Merkur wieder an seinen Auftrag erinnert wird (Futur).

Grammatisch bietet der Text einige Tücken. Es gibt drei relativische Satzanschlüsse (Z. 4, Z. 10 und Z 19). Viele Sätze sind hypotaktisch konstruiert. Satzanalysen sind unumgänglich. Der Text sollte im Unterricht mündlich vorübersetzt und zu Hause schriftlich nachbereitet werden. Zäsuren hinter Z. 12 und Z. 29 sind empfehlenswert. Nach Z. 29 kann man mit den Schülern überlegen, wie die Geschichte weitergeht.

In den **Textexperten** gibt es textanalytische und handlungsorientierte Aufgaben. Die Aufgaben 1 und 2 üben das Interpretieren lateinischer Texte anhand von Verbformen und Zitaten. Diese Aufgaben sollten im Plenum besprochen werden. Die Aufgaben 3 und 4 kann man an einzelne Schüler verteilen.

Selbstständiges Bilden von Formen wird in den Übungen 3 und 4 trainiert. Übung 3 eignet sich als Hausaufgabe und zur Vorbereitung auf eine Klassenarbeit; Übung 4 sollte man besser im Unterricht mit vorgegebenen Zeitrahmen (20 Minuten reichen, gegebenenfalls verlängern oder verkürzen) in Partnerarbeit bearbeiten lassen. Achten Sie auf ausgewogene Paarungen. Die unterstützende Mitarbeit fachlich kompetenter Schüler ist eine besondere Form der Begabtenförderung.

Die **Griechischstunde** (Übung 5) lockert das Unterrichtsgeschehen ähnlich auf wie der **Dichterwettbewerb.** Allerdings sollte man nur talentierte Schüler dichten lassen. Für die anderen kann das zur Quälerei werden. Der fakultative deutsch-lateinische Übersetzungstext eignet sich dagegen diesmal für die ganze Lerngruppe. Ich empfehle Gruppenarbeit. Achten Sie darauf, dass mindestens ein „Spezialist" in jeder Gruppe ist und besprechen Sie potenzielle Schwierigkeiten vor der Gruppenarbeit. Gegebenenfalls muss man zwischendurch helfen. Lassen Sie den Schülern genügend Zeit. Eine Unterrichtstunde werden Sie sicher brauchen, eventuell auch mehr. Jede Gruppe schreibt ihre Übersetzung auf Folie und stellt sie der Allgemeinheit vor. Fehler werden gemeinsam korrigiert. Am Ende erhält jeder Schüler eine Musterübersetzung.

Es ist sinnvoll, die Lektion 21 mit der Biographie Vergils abzurunden. Die wichtigsten Fakten finden Sie im **Informationstext.** Das Lehrerheft bietet ergänzendes Material unter Z. Eine schöne Idee für künstlerisch talentierte Schüler ist die Gestaltung eines Frieses, vielleicht in Abstimmung mit dem Kunstunterricht oder einer Kunst-AG. Aufgabe 3 sollte nur an zwei interessierte Schüler vergeben werden, die ihr Interview anschließend im Plenum vortragen.

Zusatzmaterial

Z: Publius Vergilius Maro stammte aus bescheidenen Verhältnissen, doch hatten es seine Eltern zu einem gewissen Wohlstand gebracht. So konnten sie ihrem Sohn neben einer guten Schulausbildung sogar ein Rednerstudium angedeihen lassen. Vergil, dessen Gesundheit nicht die beste war, konnte sich freilich für eine Tätigkeit als Redner nicht begeistern. Nur einmal trat er – wenig erfolgreich – in der Öffentlichkeit als Redner auf. Sein Herz schlug für die Dichtkunst, der er sich ab 50 v. Chr. vermehrt widmete. Zu dieser Zeit lebte er vorwiegend in Neapel. 41 v. Chr. wurde er wie viele enteignet. Drei Jahre zuvor war es nach der Ermordung Caesars zum Bürgerkrieg gekommen. Nun sollten die Veteranen, die gegen die Caesarmörder gekämpft hatten, mit den enteigneten Gütern entschädigt werden. Dank seiner dichterischen Popularität erhielt Vergil seinen Besitz zurück. Ein Jahr später wurde er in den Dichterkreis des Maecenas aufgenommen und lernte dabei den späteren Kaiser Augustus kennen, mit dem ihn eine lebenslange Freundschaft verband. Als Vergil mit den Arbeiten an der *Aeneis* begann, wurde er immer wieder von Selbstzweifeln gequält. Selbst nach Abschluss der *Aeneis* plante er noch weitere drei Jahre für die Überarbeitung ein. Den Rest seines Lebens wollte er sich dann der Philosophie widmen. Er entschloss sich zu einer Reise nach Athen. Unterwegs begegnete ihm Augustus, der ihn zur Rückkehr bewog. Nur wenige Tage nach seiner Ankunft in Brundisium, starb Vergil. Schon vor Antritt seiner Reise hatte er seine Freunde gebeten, das Manuskript der *Aeneis* zu verbrennen, sollte ihm etwas zustoßen. Diesen Wunsch erfüllten ihm die Freunde nicht. Augustus selbst verhinderte die Verbrennung und sorgte dafür, dass die *Aeneis* in der heute vorliegenden Form veröffentlicht wurde. Vergils Freunde ahnten, welches Meisterstück hier entstanden war, und bewahrten der Nachwelt ein Werk, das wie kein zweites zum Inbegriff römischen Selbstverständnisses wurde.

Lektion 22

In diesem Stadium des Sprachlehrganges können Sie die Schüler schon einmal selbstständig weiete Teile einer Lektion erarbeiten lassen.

Als Plateaulektion wiederholt die Lektion 22 den Grammatikstoff der Lektionen 13 bis 21. Über den Zeitraum einer Woche werden die Schüler von Hausaufgaben befreit. In dieser Zeit haben sie Gelegenheit, nach eigenem Zeitplan die Übungen der Lektion 22 zu bearbeiten. Am Ende steht eine Klassenarbeit. Das eigenständige Organisieren von Lernstoff ist eine zentrale Kompetenz, die die Schüler bis zum Ende der Sekundarstufe erwerben müssen. Viele Schüler finden diese Vorgehensweise angenehm. Sie vertrauen darauf, dass die Aufgaben der Klassenarbeit denen des Übungsbuches entsprechen werden und empfinden diese Form der Vorbereitung als Erleichterung. Die verschiedenen Aufgabentypen müssen allerdings wie das Lesestück und der Informationstext im Plenum behandelt werden.

Das Lesestück ist eine Kurzfassung des von Plinius d. J. an seinen Freund Caninius verfassten Briefes 9, 33. Wo es möglich war, wurden originale Vokabeln und Junkturen (z.B. Z. 9ff. oder Z. 29) benutzt. Die Schüler lernen das Genre der Briefliteratur kennen. Plinius konzentriert sich in diesem Brief auf ein einziges Sujet, die Delfinepisode, verzichtet auf die Darstellung persönlicher Anliegen und Ereignisse und macht so seinen Brief auch für Dritte lesenswert. Die Schüler lernen, dass sich literarische Briefe grundlegend von persönlichen Briefen unter Freunden unterscheiden. Der Text birgt einige nicht zu unterschätzende Schwierigkeiten wie die komplexe aci-Konstruktion in Z. 9ff., die relativischen Satzanschlüsse in Z. 23 und 28, die Relativsätze in Z. 2f. und Z. 25f., der kausale Adverbialsatz in Z. 30f.

Der **Informationstext** sollte parallel zur Übersetzung des Lesestücks besprochen werden. Interessierte Schüler lässt man die Argospassage der Odyssee auf Deutsch im Internet suchen (Ein Tipp: Sollte ein Schüler die griechische Fassung vorlegen, bedienen Sie sich doch einmal der Sprachlernmethode Heinrich Schliemanns und lesen Sie den Passus mehrmals auf Griechisch vor. Die Schüler verstehen garantiert etwas. Versprochen!). Dazu eine persönliche Anmerkung: Ich kann nur raten, bei einer entsprechenden Lerngruppe in dieser Weise vorzugehen. Es ist faszinierend, wie manche Schüler dem griechischen Vortrag folgen können. Natürlich spricht diese Vorgehensweise nur einen kleinen Teil der Klasse an. Aber unter dem Aspekt der Begabtenförderung ist auch diese Methode zu befürworten.

Ich empfehle, die Übungen 1 und 2 noch im Unterricht zu behandeln. Die in den **Textspürnasen** (Übung 1) vorgeschlagenen Aufgaben 1 und 2 eignen sich in ihrer Systematisierung auch als **Textexperten**-Aufgaben. Es werden die semantischen Funktionen der Adverbialsätze ebenso geübt wie die temporalen Konnektoren *aliquando, postremo, postridie, postea* und *paulo post.*

In den **Textexperten** (Übung 2) geht es um die Visualisierung von Textinhalt. In sieben Ringen baut sich der Spannungsbogen auf. Die Handlung steigert sich von außen nach innen und strebt dem Höhepunkt, dem mittleren Ring, zu. Die Schüler müssen dafür den Text in Abschnitte (= Ringe) gliedern und jedem Ring eine Überschrift geben. Sechs Ringe lassen sich ausfüllen, der innerste Ring bleibt leer. Am Ende steht die Frage, was *nach* dem Tod des Delfins geschieht und wie der innerste Ring zu füllen ist. Persönliche Anmerkung: Dieser Interpretationsansatz ist spannend und überaus effektiv. Er empfiehlt sich auch für anderen Sprachunterricht.

Eine weitere Hilfe zum Textverständnis bietet die Aufgabe 3. Die Schüler sollen die Verben herausarbeiten, mit denen Plinius die Bewegungen des Delfins sprachlich darstellt. Die handlungsorientierten Aufgaben 4 und 5 eignen sich für eine fächerübergreifende Projektarbeit zum Thema Verhältnis Mensch – Tier – Umwelt beispielsweise mit dem Religionsunterricht.

Übung 3, die Zusammenstellung der semantischen Funktionen des Ablativs, sollte von den Schülern ebenso selbstständig erarbeitet werden wie die **Zeitmaschine** in Übung 4, in der die Verbformen geübt werden. Diese Übung eignet sich auch hervorragend für Klassenarbeiten; desgleichen die **Wortarten-Körbe**, die nicht nur die einzelnen Wortarten systematisieren, sondern auch Formen „querbeet" üben.

In Übung 6 geht es um die Zeitverhältnisse im aci. Diese Übung muss im Unterricht einmal mit den Schülern besprochen werden, bevor man sie eigenständig als Vorbereitung für die Klassenarbeit bearbeiten lässt. In der Begleitgrammatik gibt es dazu auf S. 80f. (§ 78) ein bereits in Lektion 14 eingeführtes Schaubild. Es ist zu überlegen, die ganze Übung im Unterricht zu behandeln, da viele Schüler Schwierigkeiten mit der Vor- und Gleichzeitigkeit im aci haben, besonders bei Sätzen im Präteritum.

Der **Europa-Zoo** bedeutet eine Entspannung für die Schüler. Die fakultative deutsch-lateinische Übersetzung eignet sich wegen ihres mittleren Schwierigkeitsgrades für eine Bearbeitung im Plenum. Empfehlenswert ist Wortstockarbeit, wobei zu beachten ist, dass man dafür etwas Zeit braucht. Für „Spezialisten" ist die deutsch-lateinische Übersetzung ideal, für eine Klassenarbeit ist sie ungeeignet bzw. allenfalls als Zusatzaufgabe zulässig.

Zusatzmaterial

Z 1: Die kleine Episode um Argos berührt noch nach Jahrtausenden. Sie erzählt von der gefühlsmäßigen Bindung eines Tieres gegenüber seinem Herrn und von der Verantwortung derjenigen, denen ein Tier anvertraut ist. Die schlechte Behandlung des Hundes wirft ein Schlaglicht auf die Menschen. In ihrem Verhalten vermitteln sie Odysseus, wie wenig er ihnen bedeutet hat. Wenn Odysseus beim Anblick des Hundes weint und gleichzeitig seinen Schmerz versteckt, dann zum einen aus emotionaler Betroffenheit, zum anderen aber wegen der erschütternden Erkenntnis, dass ihn nur *ein* Lebewesen am Hof wirklich vermisst zu haben scheint. Noch ahnt Odysseus ja nichts von den Gefühlen Penelopes…

Z 2: Delfine galten bei Griechen und Römern als verwandelte Menschen. Die sinnlose Tötung eines Delfins, so wie sie im Lesestück geschildert wird, galt als Frevel an den Göttern, vgl. Oppian: „Die Jagd auf Delphine ist unmoralisch. So, wie die Götter das Töten von Menschen verabscheuen, gilt es ihnen auch als Verbrechen, den Herrschern der Meerestiefen gewaltsame Vernichtung zu bereiten."

Z 3: Augustus möge doch bitte nicht gesund zurückkehren, das wünschen sich auch Stiere und Kälber … Was dem Senator Rufus hier im betrunkenen Zustand herausrutscht, wirft ein Licht auf die Opferpraxis in Rom: Man opferte Tiere, um den Götter bei erfolgreichen Unternehmungen aller Art zu danken. Seneca, *De beneficiis* III,27: „Sub divo Augusto nondum hominibus verba sua periculosa erant, iam molesta. Rufus, vir ordinis senatorii, inter coenam optaverat, ne Caesar salvus rediret ex ea peregrinatione, quam parabat, et adiecerat idem omnes et tauros et vitulos optare." Diesen Passus können die Schüler bei entsprechender Hilfestellung nach Lektion 23 schon aus dem Original übersetzen (ein großes Erfolgserlebnis!).

Lektion 23

Mit dieser Lektion verlassen die Schüler den Bereich der Mythologie und lernen die Anfänge der römischen Geschichte kennen, die sich in den Lektionen 23 und 24 noch im Grenzbereich zwischen Historizität und Sagenbildung bewegt. Im Bereich der Grammatik geht es um die Adjektive der i-Deklination und die Unterscheidung zwischen Adjektiven einer, zweier und dreier Endungen. Auf einen ***Intra*-Text** wurde verzichtet. Die neuen Formen werden induktiv im Verlauf des Lesestückes eingeführt.

Da das Lesestück sehr lang ist, empfiehlt sich eine Zäsur nach Teil 1. Danach sollte erst einmal die systematische Einführung der neuen Formen erfolgen. Das kann man sehr unterhaltsam gestalten. Nachdem die Schüler die neuen Formen mithilfe der Begleitgrammatik kennengelernt haben, sollten sie zunächst die Proteusübung bearbeiten. Es werden viele Übungsbeispiele angeboten. Mein Vorschlag: Nach gemeinsamer Behandlung der Aufgabe a kann man die Klasse in drei Gruppen aufteilen (einfach 1, 2, 3 abzählen) und jeweils drei weitere **Proteusübungen** bearbeiten lassen. Das spart viel Zeit, hat aber trotzdem einen Übungseffekt, da die Schüler sich gegenseitig beim Vortragen der Ergebnisse kontrollieren. Übungen dieser Art eignen sich übrigens auch sehr für Klassenarbeiten. Die Schüler sind also gut beraten, wenn sie neben den eigenen auch die Aufgaben der anderen lösen.

Nach dieser (für Schüler etwas eher langweiligen) Übungsphase können Sie anhand der Übungen 3 und 6 einen Wettstreit durchführen. Teilen Sie die Klasse in einzelne Gruppen und lassen Sie die Gruppen beide Übungen (gegebenenfalls mit Grammatik) bearbeiten. Wer zuerst beide

Aufgaben vollständig (und natürlich richtig) gelöst hat, hat gewonnen. Sie werden sehen, der Ehrgeiz der Schüler ist geweckt und Sie selber haben aus einer eigentlich relativ „trockenen" Formenübung eine richtig spannende Geschichte gemacht. Kalkulieren Sie nur genügend Zeit ein. Die Bearbeitung dieser Übungen ist für Schüler nicht ohne.

Im **Lesestück** geht es um die Geschichte von Romulus und Remus. Es ist sinnvoll, angesichts der Länge des Textes (und des Bekanntheitsgrades der Geschichte) mit Vorerschließung zu arbeiten. Die **Textspürnasen** bieten dazu eine Anregung. Sie empfehlen in Aufgabe 1 das Zeichnen eines Stammbaumes von Romulus und Remus. Als Erweiterung der Aufgabenstellung bzw. Alternative bietet sich ein inhaltlicher Durchgang durch den ersten Teil des Textes an. Angesichts der nicht allzu großen Schwierigkeit des Textes ist diese Methode sehr praktikabel. Wegen der neu eingeführten Adjektive brauchen die Schüler dafür das Vokabelverzeichnis.

Den Text können Sie in Partnerarbeit und/oder als Hausaufgabe übersetzen lassen. Damit die Schüler längere Textpassagen am Stück lesen, kann man auch mündlich vorübersetzen lassen. Zur Kontrolle wird der Text dann über Hörverstehen (anhand von Namenskarten?) abgefragt.

Teil 2 bietet in den Zeilen 1 bis 13 einige Konstruktionen, die eine Satzanalyse erforderlich machen. Dieser Textabschnitt sollte von den Schülern nur schriftlich bearbeitet werden. Es empfiehlt sich, den **Informationstext** parallel zur Übersetzung hinzuzuziehen. Erzählt werden Vorgeschichte und Hintergründe des Mordes an Remus. Gleichzeitig lernen die Schüler die römische Zeitrechnung kennen. Die Aufgaben 1 und 2 sind im Unterricht schnell besprochen. Die Aufgabe 3 eignet sich gut als Sachteil einer Klassenarbeit. Als Vorbereitung müssen sich die Schüler eigenständig Zusatzwissen wie das über Kain und Abel aneignen.

Der fakultative deutsch-lateinische Übersetzungstext ist vom Schwierigkeitsgrad so, dass er im Plenum übersetzt werden kann. Wie in Lektion 22 arbeitet man am besten mit Wortstock. Gruppenarbeit ist empfehlenswert. Wahlweise überlässt man die Übersetzung des Textes wieder den „Spezialisten" und gibt den anderen Schülern die lateinische Fassung an die Hand.

Zusatzmaterial

Z 1: Das Motiv der konkurrierenden Brüder findet sich in mehreren Erzählungen des Mittelmeerraumes. So heißt es in der ägyptischen Schöpfungsmythologie, dass der Gott Osiris von seinem Bruder Seth getötet wurde. Die Griechen erzählen von den Söhnen des Thebanerkönigs Oedipus Eteocles und Polynices, die sich gegenseitig umgebracht haben. Aus der Bibel kennt man die Geschichte von Kain und Abel und den Betrug des Jakob an seinem Zwillingsbruder Esau.

Es bleibt offen, ob der Brudermord des Romulus allgemeines Überlieferungsgut ist, das in die Gründungsgeschichte mit eingeflossen ist, oder ob es sich um eine geschichtliche Tatsache handelt. Allerdings kann man nach möglichen Gründen für die Tat fragen: Trieb Romulus die Angst vor Benachteiligung zu einer unbedachten Handlung oder war es das provozierende Verhalten des Remus? Hat Romulus seinen Bruder bei der Vogelschau betrogen und fürchtete er, dass dieser Betrug bekannt würde? Welche Beweggründe auch immer den Ausschlag gaben, fest steht, dass die Anfänge Roms immer mit der Bluttat des Romulus in Verbindung gebracht werden, und das ist kein schmeichelhafter Start in die Geschichte.

Z 2: Plutarch spricht von einem Betrug des Romulus an Remus. In der Gesamtdarstellung orientiere ich mich an Livius, *Ab urbe condita* I,3ff., der sich von der des Plutarch in einigen Punkten unterscheidet. Die Darstellung des Fabius Pictor ist nur mittelbar bei Dionys von Halikarnassos überliefert und lässt sich nicht wirklich rekonstruieren. Die Darstellung des Diokles von Peparethos wird von Plutarch als zu blumig kritisiert.

Z 3: Ab urbe condita: Nach Plutarch, *Romulus* 12 benutzte Terentius Varro Horoskope und griff auf ägyptische und griechische Zeitangaben zurück. Als Gründungstag berechnete er den 21. April. Cato d. Ä. kam auf 751 v. Chr.; dass die Berechnung a.u.c. nur bedingt üblich war, braucht im Unterricht nicht weiter ausgeführt werden, da die Schüler die republikanische Verfassung noch nicht kennen.

Lektion 24

In dieser Lektion lernen die Schüler das PPP und die Formen des Passiv Perfekt bzw. Plusquamperfekt kennen. Es empfiehlt sich, vorerschließend zu arbeiten. Wenn Sie ein bisschen künstlerisch begabt sind, zeichnen Sie einfach zwei Gesichter an die Tafel, die sich gegenseitig anschauen und von denen das eine den Mund geschlossen, das andere den Mund offen hat. Nennen Sie das Gesicht mit dem geschlossenen Mund Marcus (wegen des Vokativs gut geeignet) und das andere Lucius. Aus dem Mund von Lucius kommt eine Sprechblase mit dem Vokativ „Marce!“. Lassen Sie nun „Lucius ruft Marcus“ ins Lateinische übersetzen und kennzeichnen Sie die Satzteile durch farbiges Unterstreichen.

Da viele Schüler mit dem *deutschen* Passiv Probleme haben, ist es ratsam, den aktiven Satz zunächst im *Deutschen* umzuformulieren. Nach Bestimmung der Satzteile erkennen die Schüler, dass aus dem Objekt „Marcus“ ein Subjekt geworden ist. Man kann das zusätzlich veranschaulichen, indem man mit Pfeilen arbeitet, deren Spitzen sich beim Satzteilwechsel farblich verändern. Dazu zeichnet man einen blauen Pfeil vom Subjekt des Aktivsatzes mit gelber Spitze hin zum Adverbiale des Passivsatzes und einen grünen Pfeil mit blauer Spitze vom Objekt des Aktivsatzes hin zum Subjekt des Passivsatzes. Selbst schwächere Schüler begreifen so den Satzteilwechsel vom Aktiv- in den Passivsatz sofort.

Im Folgenden beschreibe ich eine zugegeben etwas konservative, dafür aber sehr hilfreiche Methode, um Schülern die Passivbildung des Perfekts verständlich zu machen und gleichzeitig das Partizip Perfekt Passiv einzuführen. (Natürlich können Sie die Passivformen einfach lernen lassen. Methoden sind immer auch von der jeweiligen Lerngruppe abhängig.) Im Anschluss an die oben beschriebene Vorbereitungsphase lässt man die Schüler nach dem passenden deutschen Adjektiv (in Wahrheit ja Partizip) „gerufen(er)“ suchen, damit erkennbar wird, dass Marcus trotz grammatischer Subjektsfunktion im Satz dem Inhalt nach „Objekt“ ist. Lassen Sie den Kindern Zeit. Dass man Verben auch adjektivieren kann, ist vielen nicht bewusst; gegebenenfalls hilft man ein wenig auf die Sprünge. Einer kommt dann bestimmt auf den gesuchten Begriff. Schreiben Sie hinter „Marcus“ „gerufener = vocatus“. (Sollten sprachgewandte Schüler analog auf das aktive Partizip „rufend“ als Attribut zu „Lucius“ kommen, kann man das durchaus aufgreifen und *vocans* angeben, ohne die Formen weiter zu vertiefen. Gewitzte Schüler verweisen allerdings von sich aus auf die Parallele zu *sapiens.*)

Im nächsten Schritt schreibt man „Marcus a Lucio vocatus est“ an die Tafel. Dann lässt man die Schüler zunächst wörtlich „ist ein gerufener“ übersetzen. Gemeinsam sucht man nach einer flüssigeren Übersetzung und formuliert das „ist ein gerufener“ in „wurde gerufen“ um. So erkennen die Schüler, dass das ursprüngliche Prädikatsnomen „vocatus = ein gerufener“ zusammen mit den Präsensformen der Kopula *esse* die Perfektformen des Passivs bildet. Dass im Plusquamperfekt die Präsensformen von *esse* durch die entsprechenden Imperfektformen zu ersetzen sind, begreifen auch schwächere Schüler mühelos.

Weil aber eigentlich alle Schüler vergessen, dass in den Pluralformen auch das Partizip in den Plural gesetzt werden muss, sollte man zunächst mit den Schülern alle Formen des Perfekt Passiv und Plusquamperfekt an *vocatus sum* durchkonjugieren. Zur Vertiefung sollten jetzt erst die Formenübungen 3 (fakultativ) und 4 folgen. Die **Wippübung** eignet sich dabei sowohl für den Unterricht als auch für die Hausaufgabe.

Kleiner Tipp: Je nach Lerngruppe kann man vor der Einführung von „vocatus“ als Zwischenschritt die passive Übersetzung „Marcus a Lucio vocatur“ einschieben. Auf die Einführung der semantischen Funktion des Ablativs als auctoris würde ich allerdings noch verzichten; das lässt sich nachholen, wenn die Schüler mehr Übung mit dem Passiv haben.

Das **Lesestück** erzählt die Geschichte des Mucius Scaevola und seines gescheiterten Attentats auf den Etruskerkönig Porsenna. Die Erzählung schließt an das Geschehen um Lucretia an, deren Vergewaltigung durch Sextus Tarquinius den letzten Ausschlag für die Vertreibung des Königs Tarquinius Superbus gab. Das Lesestück sollte also in Kombination mit dem **Informationstext** bearbeitet werden. Thema des Informationstextes sind die Exempla. Es ist sinnvoll, mit den Schülern zunächst nur den Passus über Lucretia zu lesen und *nach* der Übersetzung mit Cloelia fortzufahren und die Aufgaben zu bearbeiten.

Das Lesestück ist grammatisch wie inhaltlich recht anspruchsvoll. Für die Übersetzung brauchen Sie Zeit. Es gibt einige komplexe Konstruktionen wie das doppelte Prädikativum in Z. 23 oder in Z. 15ff. der aci mit eingeschobenem Attributsatz. Gehen Sie abschnittweise vor und erarbeiten Sie schwierigere Konstruktionen (so Z. 15ff., Z. 23, Z. 36ff. und 40ff.) an der Tafel. Selbst gute Schüler kommen an diesen Stellen ins Schwitzen. Dafür gehen die meisten Schüler recht unbefangen mit dem pc um. Lassen Sie diese Unbefangenheit zu und besprechen Sie das pc erst nach Abschluss des Lesestücks oder nach einem größeren Sinnabschnitt, am besten nach Zeile 21.

Üben Sie Bildung und Funktion des Partizips zunächst an deutschen Beispielen. So erkennen die Schüler, dass das Partizip einem Nomen zugeordnet, also „angebunden = coniunctum“ ist. Tipp: Die Schüler sollten die verschiedenen Übersetzungsmöglichkeiten des pc an einem griffigen Beispiel in ihre Grammatikmappen schreiben. Eine ausführliche Darstellung des pc einschließlich einer Übersetzungshilfe finden Sie in § 115, S. 118 ff. der Begleitgrammatik. Die zufällige Abkürzungsgleichheit von PC (Personal-Computer) mit pc (participium coniunctum) kann man für eine kleine Eselsbrücke nutzen: „Wie **der** PC ist auch **das** pc sehr vielseitig: Es lässt sich attributiv, substantivisch, relativisch, adverbial und beiordnend einsetzen, ganz wie man es gerade braucht."

Die historischen Zusammenhänge des Lesestücks sind für Schüler etwas unübersichtlich. Textvorerschließung ist empfehlenswert. Lassen Sie die Schüler zunächst alle Namen herausarbeiten und platzieren Sie diese auf der Tafel oder einer Folie so, dass Sie sprachliche und inhaltliche Ergänzungen vornehmen können. Der Einsatz des Vokabelverzeichnisses ist notwendig. Am Ende könnte folgendes Tafelbild stehen:

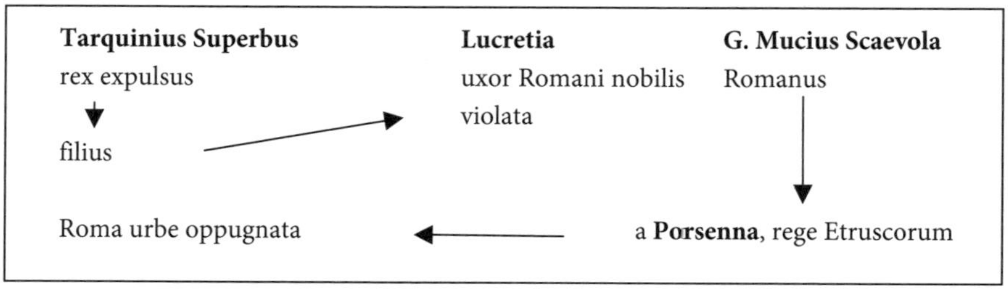

Textspürnasen und **Textexperten** dienen zur Anregung bei der inhaltlichen Auseinandersetzung mit dem Text. Der handlungsorientierte Ansatz eignet sich gut zur Binnendifferenzierung. Daher sollten die Klasse in Gruppen aufgeteilt und die Aufgaben unter den Gruppen aufgeteilt werden. Die Aufgaben 1, 2 und 3 gehören zusammen. Aufgabe 4 ist eine Einzelaufgabe. Alle Aufgaben erfüllen den Anspruch der Reflexion und Identifikation. Achten Sie bei der Zusammenstellung der einzelnen Gruppen auf besondere Begabungen, damit die Arbeit wirklich effektiv ist, und berücksichtigen Sie den Zeitfaktor. Eine sinnvolle Projektarbeit setzt immer einen entsprechenden Zeitrahmen voraus.

Bei der Einführung des pc arbeite ich im Unterricht mit Farben. So erkennen die Schüler, dass das pc trotz seiner Adjektivierung seinen verbalen Charakter behält und als Prädikativum gleichzeitig Attribut und Adverbiale ist. Je nach grammatischer Funktion seines Bezugswortes wird das pc zunächst blau (S), gelb (Adv.) oder grün (Obj.) unterstrichen, darunter kommt für die Prädikatfunktion rot (P). Wird das pc als Adverbialsatz übersetzt, könnte man sogar noch gelb unterstreichen (Dieser Vorschlag kam von Schülern!). Sie sehen also, dass sich dies komplizierter liest, als es ist. Die Schüler begreifen das Prinzip sehr schnell. Gehen Sie zunächst induktiv und später deduktiv vor. Die Begriffe „geschlossene Stellung" oder „Klammerstellung" sollten jetzt mit eingeführt werden, damit die Schüler lernen, dass zusammengehört, was innerhalb der Klammerstellung steht.

Die Schüler lernen außerdem, dass die Stammformen nun um ihre vierte Form erweitert werden, damit die Passivformen des Perfektstammes gebildet werden können. Wichtig ist es, den Schülern zu erklären, dass sie beim PPP die Form des Neutrums lernen, da nur transitive Verben ein persönliches, die intransitiven aber zumindest ein unpersönliches Passiv in der 3.Person Singular bilden können. Dies illustriert man besser an deutschen Verben (Zu den Stammformen verweise ich auf § 77 auf S. 79 der Begleitgrammatik).

Die Übungen 5 und 6 können natürlich erst bearbeitet werden, wenn das pc im Plenum besprochen wurde. Ich rate zu einer umgekehrten Reihenfolge, da Übung 5 für die Schüler schwieriger ist als Übung 6, die Sie auch als Hausaufgabe einsetzen können. In Übung 6 werden die verschiedenen lateinischen Möglichkeiten geübt, um einen Sachverhalt grammatisch auszudrücken, nämlich Parataxe, Hypotaxe und pc.

In Übung 5 müssen die Schüler selbstständig Adverbial- und Attributsätze in ein pc umformen. Das ist anfangs recht schwer. Während es in Satz a noch einigermaßen reibungslos funktioniert, wird es bei b schon schwieriger, da eine Satzumstellung erforderlich ist: *Romani valde lugent, quod morte Lucretiae commoti sunt => Romani morte Lucretiae commoti valde lugent.* Ganz heikel sind die Sätze c und d, Aufgabe c, weil das *non* vor *victus* gezogen werden muss und *cum militibus suis in patriam rediit* hinter das pc gehört; Aufgabe d, weil *affectus* im pc zum Dativ wird.

Zur Entspannung können die Millionärsfragen eingeschoben werden, die den Schüler zumindest in den Fragen 2, 3 und 4 ein Nachdenken abverlangen. Der fakultative deutsch-lateinische Übersetzungstext ist nur etwas für die Spezialisten. Allerdings ist es sehr lohnenswert, den deutschen Text inhaltlich zu besprechen. In lateinischer Fassung eignet er sich wieder hervorragend als Übungstext.

Zusatzmaterial

Z: Plinius, *Naturalis historia* 34, 13, 28: Pedestres sine dubio Romae fuere in auctoritate longo tempore; et equestrium tamen origo perquam vetus est, cum feminis etiam honore communicato Cloeliae statua equestri, ceu parum esset toga eam cingi, cum Lucretiae ac Bruto, qui expulerant reges, propter quos Cloelia inter obsides fuerat, non decernerentur.

Mit der Einführung der indikativischen Passivformen des Präsensstammes wird der Lehrgang von *Intra I* abgeschlossen. Die Formen werden im ***Intra*-Text** eingeführt und können anschließend in der **Formenwippe** (Übung 3) geübt werden. Diese Übung trainiert nicht nur den Wechsel vom Aktiv ins Passiv, sondern auch den Wechsel der Passivformen vom Singular in den Plural.

Erst nach einer solchen Übungsphase ist es sinnvoll, das **Lesestück** zu übersetzen. Dieser Text verlässt inhaltlich die Grauzone zwischen Sage und Historie und führt die Schüler in die unmittelbare römische Geschichte. Überliefert ist die Rede des Tiberius Gracchus bei Plutarch. Sie wirft ein deutliches Licht auf die völlig absurde Situation Italiens nach der langen Phase der Krieges: Die militärischen Erfolge der Römer bedeuten gleichzeitig den wirtschaftlichen Niedergang der einfachen Landbevölkerung, die nun als Proletariat nach Rom zieht. Die soziale Lage in Rom wird sehr schwierig. Es beginnt das Jahrhundert der Bürgerkriege, das in der Diktatur Caesars und dem Prinzipat des Augustus gipfelt.

Um den Inhalt des Textes zu verstehen, ist es ratsam, zunächst den **Informationstext** zu lesen. Hier werden die Hintergründe der Rede des Tiberius Gracchus dargestellt. Die Punischen Kriege spielen eine wesentliche Rolle. Ein Kurzreferat durch Schüler (wahlweise ein Lehrervortrag) zu diesem Thema ist notwendig. Die Aufgaben zum Text sind handlungsorientiert und können von einzelnen Schülern (am besten in Gruppenarbeit) bearbeitet werden. Für das Plenum ist es sinnvoll, die wichtigsten Fakten durch Tafelbild oder Folie zu sichern.

Das **Lesestück** sollte als Einheit übersetzt werden. Eine Textvorerschließung ist sinnvoll. Die **Textspürnasen** empfehlen, zunächst die Begriffe *praedium – ager – latifundium* zu besprechen. Damit wird die Problematik des Textes schon angerissen, Durch den Informationstext haben die Schüler ohnehin bereits eine Vorstellung davon, worum es in diesem Text geht. Die Bearbeitung der Aufgaben 2 und 3 ist fakultativ, beide Aufgaben sind aber für die spätere Textanalyse hilfreich und können auch *nach* der Übersetzung des Textes bearbeitet werden.

Die Schüler lernen in diesem Lesestück die Textsorte der Rede kennen. Da der Text recht anspruchsvoll ist, ist es empfehlenswert, ihn während des Unterrichts mündlich vor- und zu Hause schriftlich nachübersetzen lassen. Nach der Übersetzung ist die Bearbeitung der **Textexperten** dringend empfohlen. Das Lesestück ist für eine Interpretation sehr ergiebig. Sinnvoll ist es, gemäß der Aufgabenstellung die Rede zunächst gliedern und Schlüsselbegriffe herausarbeiten zu lassen. Schlüsselbegriffe können folgende sein: *praedia deserta* (Z. 3), *latifundia florentissima* (Z. 4), *agri vestri – servis alienis; sedes vestrae – dominis alienis* (Z. 7/8), *fame et ignominia* (Z. 17), *vita indigna* (Z. 23), *avaritia patriciorum* (Z. 27), *iniuria patriciorum* (Z. 31)und *libertas, honor, dignitas.*

Es finden sich die Stilmittel der Alliteration (Z. 12f.), der Anapher (Z. 7/8 und Z. 23/24), des Hendiadyoin (Z. 32), des Trikolons mit Klimax (Z. 38). Bei der Wiedergabe der Stilmittel und der Interpretation des Textes ist unbedingt darauf zu achten, dass die Schüler lateinisch zitieren.

Nach dieser sehr umfangreichen Textarbeit ist Erholung angesagt. Ich empfehle zunächst die Bearbeitung der **Wort-Rosette** (Übung 7) und anschließend die **Deutschstunde** (Übung 6), in der es darum geht, schöne Übersetzungen für die lateinischen Sätze zu finden. Beide Übungen können während des Unterrichts mündlich bearbeitet werden.

Um die neuen Formen zu üben, ist die Übung 5 in ihrer Redundanz ideal. Man kann überlegen, ob man diese Übung vor Übung 4 bearbeiten lässt. Auf jeden Fall ist es sinnvoll, die Aufgabe a gemeinsam mit den Schülern zu besprechen und die Aufgaben b und c als Hausaufgabe zu geben. Wahlweise kann diese Übung sogar schon nach dem ***Intra*-Text** behandelt werden.

Die Übung 4 **Mäusefraß** eignet sich für eine Partnerarbeit im Unterricht. Sie ist sehr anspruchsvoll und sollte zumindest an einem Beispiel gemeinsam mit den Schülern besprochen werden. Gegebenenfalls muss die Aufgabenstellung noch einmal genau erläutert werden. Geübt werden aktive und passive Infinitivkonstruktionen der Vor- und Gleichzeitigkeit. Achten Sie bei Partnerarbeit darauf, dass die Paarungen ausgewogen sind. Schwächere Schüler sind mit dieser Übung sonst überfordert. Der Zeitrahmen sollte großzügig bemessen sein. Zur Ergebnissicherung ist ein Tafelanschrieb zumindest der lateinischen Infinitive sinnvoll.

Der fakultative deutsch-lateinische Übersetzungstext erzählt die berühmte Geschichte von Menenius Agrippa. Er empfiehlt sich zumindest für eine Besprechung im Deutschen. Der Text ist anspruchsvoll und sollte nur von den „Spezialisten" – gegebenenfalls mit Hilfe – übersetzt werden. Ratsam ist eine Übersetzung in zwei Abschnitten; eine Zäsur nach Z. 13 ist sinnvoll. Den anderen Schülern kann zu Übungszwecken wieder die lateinische Fassung vorgelegt werden.

Das Satzgliederhaus

Auf der folgenden Seite finden Sie ein leeres Satzgliederhaus, das Sie für Ihre Schülerinnen und Schüler kopieren dürfen. Lassen Sie die Kinder die Zimmer farbig ausmalen: Links unten wohnt das Subjekt (blau), recht unten das Prädikat (rot), links oben wohnen die Objekte (grün) und rechts oben die adverbialen Bestimmungen (gelb). Die sonstige Ausgestaltung (Deckenlampen für die Attribute; spanische Wand im Prädikatzimmer, wenn das Prädikat aus Prädikatsnomen und Kopula besteht) richtet sich nach dem Satz, der jeweils analysiert werden soll. Ein solches eigenes Satzgliederhaus verdeutlicht den Aufbau eines Satzes und fördert das grammatische und syntaktische Verständnis.

Viel Spaß!

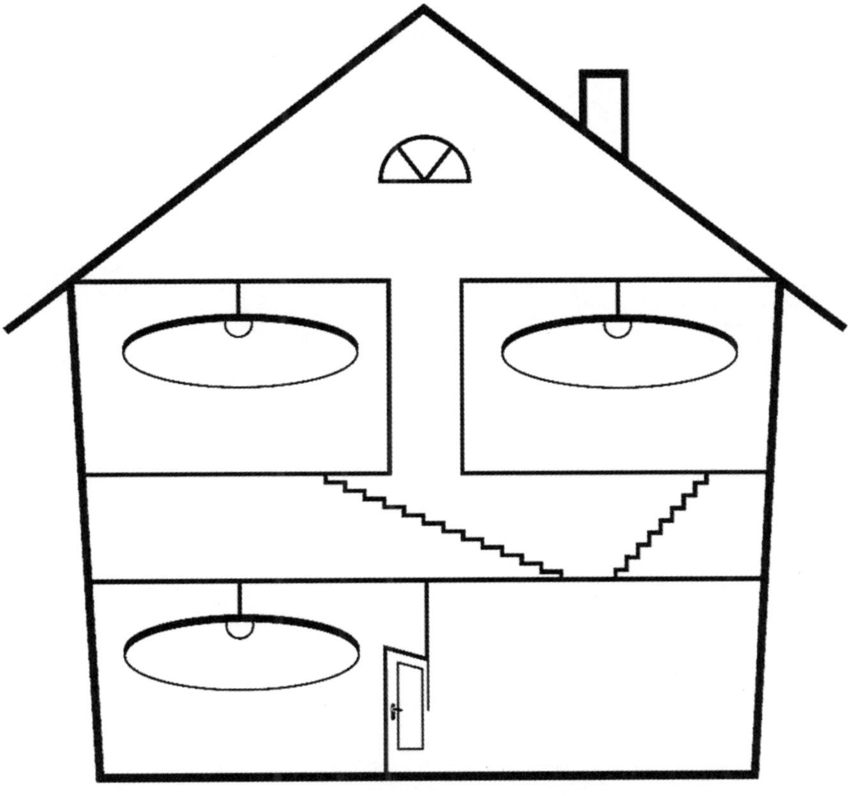